ソーシャルワーカーの組織体制構築
サポート・ブックレット

～ 22の業務ポイントでベストプラクティス提供を目指す ～

原田 とも子　著

JN064237

目 次

なぜ、このような本を書いたのか？
ソーシャルワーク部門・組織の体制強化はなぜ必要か？
ソーシャルワーク部門の強化を支援する22の構成要素
本書について
マネジメントと構成要素項目との関連、本書の目指す方向性

保健・医療機関のソーシャルワーカー部門・組織に必要な22の構成要素

はじめに

■なぜ、このような本を書いたのか？

はじめに、なぜ私がこのような本を書くことにしたのか？からお伝えしたいと思います。

私は医療現場のソーシャルワーカーとして、多くの方と同様に、最善のソーシャルワークの提供を目指して、臨床実践と様々な取り組みを行ってきました。少し特殊かもしれませんが、ある時、医療の質の向上を目指していた所属病院の院長から、「ソーシャルワーカーもクオリティー・インジケーター（質指標）を作ってください」と言われたのが始まりです。

その後も、JCI（Joint Commission International）[1] ※の国際医療機能評価を受けることになりました。各部門が受審のための準備に取り組むことが求められ、それまでよりも一層"質の向上"に取り組むことになりました。

※現在（2023年）、世界で1,000以上の医療機関がJCIの認証を受けている。認証は、JCIが基準を示し、その基準の整備等が審査される。

ソーシャルワーカーのクオリティー・インジケーターの作成は一般的に行われていることではなく、難問でした。

まずは日本医療社会事業協会（現　日本医療ソーシャルワーカー協会）のワーキング・グループで公表されていた、米国の臨床指標（質指標とほぼ同じもの）の検討を行い、その後、研究者と実践家による研究班でクオリティ―・インジケーターの開発を行うことになりました（2011 ～ 2013年度）[2]。

この研究の中で、優れた医療機関にもランキングされているミシガン大学ヘル

スシステムとニューヨーク・プレスビテリアン病院を訪問し、ソーシャルワーク部門でどのような業務の質向上の取り組みを行っているかについてインタビュー調査（2012年）[3] を行いました。そこで得られた情報は、私自身に大きな感動と影響を与え、JCIで示している基準の整備にも大変参考となりました。

　その後、私は臨床現場を退職し、現場のソーシャルワーカーのサポートを行いたいと漠然と考えておりました。
　そこで、米国のインタビュー調査で入手したソーシャルワーク部門の資料から、ソーシャルワーク部門において、どのような取り組みがなされているのかを再度紐解くことを開始し、ソーシャルワーク部門体制に関する共同研究を行いました。
　その結果、優れた病院のソーシャルワーク部門の構成要素を見出すことができました（原田、小原、上田、2022）[4]。

　米国の医療機関のソーシャルワーク部門は、業務を設定し、それらを文書化し、職務分担とスタッフの配置を考え、業務をスタッフに委託する。そして、スタッフの育成とサポートを行う仕組みを導入し、クライエントへの支援を実施する。並行して、他職種への啓発、院内外・部門内の質向上の取り組みを行い、全体を評価して、プログラムの開発やスタッフの教育なども行っていく循環したシステムで機能する組織を構築していることがわかりました。

　私自身の経験を振り返ってみますと、ソーシャルワーク部門体制の構築のプロセスにおいては、うまくできなかったことも多々ありました。しかし、米国の病院の実践例が大変役に立ったことや、2015年からはスーパーバイザーも雇用して、協力を求めることで、様々な基準の整備や開発に取り組むことができた経験もありました。
　試行錯誤ではありましたが、探求してきた過程で見出した知見や経験は、他にも情報を求めているソーシャルワーカーがいるかもしれない、そして、後輩のソーシャルワーカーの方々に情報を届けられるかもしれないと思うようになりました。
　そして、研究で見出したソーシャルワーク部門に必要な構成要素を22にまとめ、本書で紹介することにしたのです。

■ソーシャルワーク部門・組織の強化はなぜ必要か？

　それでは、"なぜソーシャルワーク部門組織の体制整備が必要か"についてもう少し説明したいと思います。

　病院や医療機関は、様々な患者さんへの迅速、かつ質の保たれた最善の医療とサービスの提供が求められています。それらは、高齢化や社会情勢、政策などにも影響され、常に変化や改善が求められます。そのような組織にソーシャルワーカーも働いています。

　近年の急性期病院の例では、入退院支援や地域連携のますますの向上、そのための、相談支援に対応する部署や医療連携の部署の統合化、疾患別の相談支援の充実などが多くの学会においても取り上げられるなど、ソーシャルワーカーの専門性も注目されています。このように、ソーシャルワーカーの活躍の場が増えることは、大変喜ばしいことと感じています。

　一方で、ソーシャルワークの部門内、もしくはソーシャルワーカーが所属している組織では、「様々なニーズに対応できない」、「ソーシャルワーカーはいくつもの役割を兼務していて忙しい」、「クライアントへの適切な支援提供の時間が充分に持てない」、「スタッフにも充分な育成・サポートができない」、「スタッフがうつになることや退職も珍しくない」、「応募者が少ない」、などの状況も生じています。

　また、組織の統合化によって、上司が他職種となり「ソーシャルワーカーでないマネージャーに、その有効性を示すよう求められること」が増える（マーク・ヒューズら,2022）[5]など、様々な影響に対応する必要性が生じています。その影響については、すでに英国（ベロニカ・クールシェッドら,2006）[6]や米国（NASW,2011）[7]からも報告されています。

　さて、ソーシャルワーカーが様々なニーズに適切に対応し、1人ひとりのスタッフが生き生きと活躍するには、どうしたらよいのでしょうか？

　私は今こそ、ソーシャルワーク部門、あるいは、ソーシャルワーカーの所属している組織での「ソーシャルワーク体制」を強化する必要性が高まっていると感じて

います。

　しかし、「臨床現場のソーシャルワーカーへの部門・組織体制へのサポートとなる情報は充分でしょうか？」と問われると、私は充分とはいえない状況にあると思います。

　近い将来、ソーシャルワーク部門や組織におけるソーシャルワーク体制の強化に関するガイドラインが示されることを期待していますが、それが出されるまでの間の対策として、本書を参考としていただければ、と思ったことも出版の意図の一つです。

■ソーシャルワーク部門の強化を支援する22の構成要素

　それでは、本書で紹介する、ソーシャルワーク部門に必要な 22 の構成要素についてご紹介します。22 の構成要素は、大きく 5 つに分類されました。

　構成要素の 22 項目について、他の基準にあるかについても調べました。
　構成要素の22項目は、米国では Joint Commission の受審が一般的であり、調査した2病院も Joint Commission の基準を整えており[3]、それらの項目が含まれていること、全米ソーシャルワーカー協会（2016）のヘルスケア領域のソーシャルワーク基準[8] に 16 項目、アイルランドヘッドメディカル・ソーシャルワーカーフォーラム(2014)によるコンピテンシー・フレームワーク[9]に16項目、日本医療ソーシャルワーカー協会（2022）による医療ソーシャルワーカー業務指針・行動基準[10] にも 10 項目が明記されていました。
　すなわち、2012 年に調査した米国の病院の体制は、これらの基準整備の観点からも必要な体制と言えると思います。

ソーシャルワーク部門体制に必要な 22 の構成要素

分類	No.	構成要素項目	内容
Ⅰ 業務の設定	1	業務の設定	業務プランニングと業務の設定
	2	マニュアルの作成	方針とその手続きを文書化
	3	介入対象者の決定	介入対象者を決めること
	4	スクリーニング	スクリーニングの仕組みを作る
	5	職務記述書	職位別の職務分担を考え、職務記述書を作成
	6	ケースの担当者の決定	能力別、ケース担当数を考慮し、担当者を決定
Ⅱ 配置・教育	7	採用	採用計画、募集と選考
	8	オリエンテーション	オリエンテーションの実施
	9	配置	配置
	10	教育	新人教育、スタッフの継続教育
Ⅲ スーパービジョン・業務の調整	11	スーパービジョン	スーパービジョン体制の構築
	12	モニタリング	ケースの進捗や業務のモニタリングを実施
	13	トラブル対応・業務の調整	トラブル時に解決・サポート、スタッフの業務も調整
Ⅳ 業務と質の評価	14	評価	スタッフの評価や部門全体の評価を実施
	15	データ分析	データ分析による評価
	16	QI・質評価	クオリティー・インジケーターによる改善
Ⅴ 組織内外の改善・質向上	17	他職種への啓発・プレゼンテーション	他職種への啓発やプレゼンテーションを実施
	18	院内改善・システム化	チーム・院内組織の改善、システム化
	19	地域活動	地域との連携強化の活動
	20	SW 部門内のコミュニケーション・質向上	SW 間のコミュニケーション、部門内の質向上
	21	研究	研究活動
	22	専門職活動	専門性の向上、専門職活動に参加

■本書について

　ラヴィン・ジェスターサンとジョン・W・ブードロー（2023）[11] は、AI などのワーク・オートメーション（自動化）が登場した今日、これまでの仕事をタスク（業務）やプロジェクトといった構成要素に分解し、再構築することを提案しています。本書において、私が共同研究で行った米国の優れた病院で行われている業務を、切片化して構成要素を見出す方法が共通しています。

　本書では、臨床現場の皆様が、現在日常的に部門や組織で行われているソーシャルワークの仕事を、さらにより良いソーシャルワークの提供を行うために、部門組織に必要な構成要素を、米国での実践例、日本での実践例、そして文献等からも紹介し、臨床現場のソーシャルワーカーの部門・組織の質向上への取り組みを支援することを目指しています。

本書に至るまでのプロセス

> 1. クオリティー・インジケーターの研究
>   米国の病院 SW 部門へのインタビュー調査

> 2. 実践現場での JCI による SW 部門の基準整備
>   様々な開発

> 3. 米国の病院 SW 部門体制の研究
>   SW 部門体制に必要な構成要素の分析

> 4. SW 部門に必要な22の構成要素のブックレット
>   米国の SW 部門で行われている事項の紹介
>   文献からの解説・紹介
>   日本での実践例の紹介

本書では、私がインタビュー調査を行ったミシガン大学ヘルスシステムやニューヨーク・プレスビテリアン病院で行われていた取り組みを数多く紹介しますので、最新の情報について、ミシガン大学のシニアソーシャルワーカーに確認しました。

　そのソーシャルワーカーから、米国のヘルススケアの実態は刻々と変容していること、したがって Job Description（本書で紹介する職務記述書）も何度も変わっていること、またライセンスのある LMSW でもクリニックや病院などの所属部門により業務は変わること、そして、最新の情報として、ミシガン大学で他職種も含めて、求人情報が公開されているキャリアパスの情報[12] を教えていただきました。

　本書では、2012 年に入手した資料と最新の情報を比較した上で、2012 年の資料は現在でも考え方等が参考となる貴重な情報であるため、紹介しています。

■マネジメントと構成要素項目との関連、本書の目指す方向性

　次に、構成要素がスーパービジョンやマネジメントの文献にも掲載されているかについても調べました。スーパービジョンに関する専門書を書いたカデューシンとハークネス（2009）[13] は、その著書の中で、「管理的スーパーバイザーの職務」について述べており、その職務に、本書の構成要素項目が含まれていました。

　また、ジリアン・ルッホ（2020）[14] が開発した『実践スーパーバイザー育成プログラム』の中に示されている「マネージャーの4つの役割行動」にも、構成要素項目が含まれていました。

　ソーシャルワークとソーシャルケアの辞書（2018）[15] によると、マネジメントとは、

　「組織におけるプロセスと役割を果たすために雇用された人々に対するスーパービジョン、コントロール、コーディネーションである。例として、人を通じて物事を成し遂げること、目標を設定すること、目標を達成するための手段を決定すること、目標の達成を阻む問題を解決することなどである。また、コミュニケーション、動機づけ、モニタリング、評価、権限移譲、個人やチームの育成にも重点が置かれる。」

と示されており、本書で紹介する構成要素にはマネジメントの内容も含まれているといえます。

同じように、ソーシャルワーク マネジメント ネットワークのシェリー・ウィムフェイマーら（2018）[16] によるヒューマンサービス・マネジメント・コンピテンシーのガイド、ベロニカ・クールシェッドら（2006）[6] による英国のマネジメントの著書の内容にも、構成要素が含まれていました。

クールシェッドらは、「ソーシャルワーカーの組織では、まず提供されるソーシャルワークが高い品質のサービスであること。そのためには品質基準が作成されること。また、業務のビジョン、目的と目標、その方針、手順が示され、人材が採用されて、育成、支援される。そのためには、組織変革の文化を高めていく必要もある。管理していくには、点検、評価、人材育成と支援、ケア、調整が必要であること」を強調しています。

このように、本書で紹介する部門体制の構成要素は、マネジメントを行っていく上でも必要な項目となっています。

わが国でも多職種協働や、上長が他職種であることが珍しくなくなった今日、英国や米国の例は、たとえソーシャルワーカーが管理者でなくても、ソーシャルワーカーがマネージャー的役割を担うことや組織構造を整えることが必要となっており、そのための情報が求められています。

また、構成要素のデータ分析とプレゼンテーションは、研修会等でアンケート評価を行い、現場のソーシャルワーカーに必要性が高く評価されました。

さらに、臨床現場においてスーパーバイザーとしても活動をされている方に、本書の内容に関する意見を求めました。今後は、現場での実践における構成要素の情報を加え、部門組織に関する探究を継続し、バージョンアップしていくことを目指していきたいと考えています。

部門組織の取り組みは、1つずつ、できることから導入していくことになります。その取り組みは、ソーシャルワークの質の向上を目指すものでもあり、より望ましいソーシャルワークの提供を可能とする組織の強化に近づいていくことと思います。

そのために本書が少しでもサポートとなることを願って、書き記していきたいと思います。

ソーシャルワーク部門・組織に必要な構成要素

業務の設定

配置・教育

スーパービジョン・
業務の調整

業務と
質の評価

組織内外改善・
質向上

Chapter 1
業務の設定

1. 業務の設定
2. マニュアルの作成
3. 介入対象者の決定
4. スクリーニング
5. 職務分担 / 職務記述書
6. ケース担当者の決定

No. 1
業務の設定

Q. 臨床現場においてソーシャルワークを展開していくためには、「業務の設定」を行うことが必要ですが、今あなたが行っている業務は、しっかりと"業務"になっているでしょうか？

Ⅰ. 業務の設定の必要性

　ここで紹介する「業務の設定」には、ソーシャルワーク部門・あるいはソーシャルワーカーが働いている組織における業務を決定し、設定すること、そして目標設定を行い、各業務の方針と手順の作成を含むこととします。

　カデューシンとハークネス（2009）[13] は、管理的スーパーバイザーの職務の一つに、「業務プランニング」をあげています。この業務プランニング、すなわち、業務を計画していくことが、「業務の設定」をしていくことになります。
　実際に、米国の病院のマネージャーの職務記述書には、患者のニーズを見極め、患者のプログラムを企画することも業務として書かれていました。

　まずは、ソーシャルワーカー部門には何が必要かを見極め、どのような業務をどのような方法で行うのか等をしっかりと計画をたてて、業務を設定することが必要とされます。

Ⅱ. 業務の設定の方法とポイント

　業務の設定は、業務全体の把握と評価を行い、クライエントや組織から求めら

れている取り組みやソーシャルワーカーとして必要だと思う業務の検討が必要です。

　この業務の設定は、主にマネージャーが担いますが、スタッフとともに業務分析を行って新たな業務を見出していく方法もあります。

■スタッフと業務を整理し、必要な業務を見出す方法の例

● 各自、業務を付箋に書き出す。
● 書いた付箋を提出し、同じ業務をまとめ、分類する。
● 分類した業務にカテゴリーをつける。
● 分類した業務全体を俯瞰し、これから追加すると良い業務を話し合う。
● 追加した業務を加える。

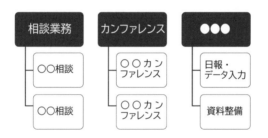

● スタッフと一緒に業務の整理作業を行うと、スタッフ全員が全体を俯瞰することができ、何が必要かをスタッフと共有して検討することができるメリットがあります。
● 本書で紹介している 22 の構成要素の中から、どのような業務が必要か、実現可能かを考えていくことも、業務のプランニング・設定となります。
● 業務を設定していくためには、業務によっては仕組みづくりを行うことも必要とされますので、それらを一つの業務と捉え、取り組んでいきます。
● 業務分析によって、業務（タスク）が整理された後には、これらの業務の役割分担の検討に用いることもできます。

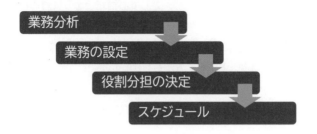

II-2 目標・方針・手順の作成

「業務の設定」に関連して、「目標の設定」も必要です。

■年度初めの目標設定

● 前年度の評価を行う。
● スタッフからも評価を聞く（個別やミーティングなど）。
● クライエント・組織・地域のニーズなどの情報収集を行う。
● 上記を踏まえて、具体的な目標を考え、文書化する。
● スタッフに説明する。

　続いて、業務を設定した後には、統一した方法で業務を展開することが必要であるため、方針と手順を作成します。

■方針と手順の文書化

● 業務の方針と手順の文書を作成する。
● 方針と手順をマニュアルに掲載する。
● スタッフに説明する。

　クールシェッドら（2006）[6] は、業務の設定や品質基準の策定を行うことと並行して、「人間の力強さ―創造性、熱意、積極的に仕事に関与しようとする気持ち―が育まれた場合に、組織はより有効に機能する。」と、部門の文化の醸成の必要性も述べています。

　私達もこのような目標や方針・手順などを作成した後には、スタッフへの理解を進めるための働きかけや様々な工夫によって、共に質の伴った働きを行っていく文化を醸成していくことも必要とされていることを学びたいと思います。

　いかがでしょうか？

　依頼された仕事や業務が山積み、となっている場合などには、特にこのような業務の分析や整理を行い、優先順位をつけると、先に進める方法を見いだすことにもつながります。一度業務を考えることを行ってみてはいかがでしょうか。

No.2
マニュアルの作成

Q. 皆さんのソーシャルワーク部門や組織には、マニュアルがあるで
しょうか？また、マニュアルというとどのような内容を思い浮か
べますか？

Ⅰ．マニュアル作成の必要性

ここでは、ソーシャルワーク部門（もしくは組織）で行われている業務について、
文書化された「マニュアルの作成」について紹介します。

ミシガン大学ヘルスシステムとニューヨークプレスビテリアン病院のソーシャル
ワーク部門には、"部門のマニュアル"がありました。ミシガン大学ヘルスシステム
には、新入職員と研修生のためのオリエンテーションマニュアルがあり、ニューヨー
ク・プレスビテリアン病院では、スタッフ対象の方針と手順マニュアルがありました。
このように病院によって若干内容が異なりますが、共通する項目は以下の内容
でした。

米国の2病院のソーシャルワークマニュアルに掲載されていた内容

□ ミッション	□ 開設時間 / スタッフ
□ 規則 / 方針	□ 文書 / 記録
□ 関連部署	□ 統計
□ ミーティング	□ スーパービジョン
□ オリエンテーション	□ 研修 / トレーニング
□ パフォーマンス評価	

Chapter 1

　共通する項目には、部門のミッションや組織の説明、スタッフやミーティングなどの運営に関すること、実践上の規則や方針、その手続き、特に文書・記録に関しては、両方の病院ともに記載されていました。

　一方、ミシガン大学のマニュアルでは、ソーシャルワーク部門内の取り組みや情報へのアクセスなどが掲載されており、ニューヨークプレスビテリアン病院のマニュアルでは、どのようなことをスタッフがするべきかが示されていました。

　日本においても、大本、笹岡、高山（1996）[17] によって、ソーシャルワーク業務のマニュアルがまとめられました。このマニュアルは、プロジェクトチームで業務分析を行い、ソーシャルワークの業務を 39 の業務に整理し、それらの各業務について、説明（職務明細）と手順を記すステップでマニュアルが作成されました。

　この手順を示すことは、スタッフにとってのパフォーマンス・スタンダード（行動基準）になると述べています。当時は行動基準も他にはみられず、多くのソーシャルワーカーにとってモデルとなったと思われます。

　このような"業務の文書化"は、ソーシャルワークマネジメントネットワーク（2018）[16] によるヒューマンサービスマネジメントのコンピテンシーにも示されています。

- ● 組織のミッションとビジョンを、機関のスタッフに対して口頭と文書で説明する。
- ● 組織の仕事を理解してもらうために、組織のミッションとビジョンを外部の人に説明する。

　これらからも部門・組織の業務を文書化し、方針と手順を示すことが、標準化するために必要であることがわかります。

Ⅱ．マニュアルの作成のポイント

　それでは、実際にマニュアル作成に取り組んだ例を紹介します。
　マニュアルは、米国のマニュアルを参考にして改訂を繰り返し、途中からはスー

パーバイザーの方にも協力いただき、ソーシャルワーク部門の取り組みを文書化しました。

■マニュアル作成のポイント

● SW 部門・組織で行っている業務をマニュアルに明記する。
● 各業務について、口頭で説明してきた内容、様々な形で文章化してあるものを一冊のマニュアルに盛り込む。
● 各業務の方針と手続きを作成する。
● 新入職員でも読んでわかる内容にする。
● 倫理綱領や業務指針、ガイドラインを明記する。
● 必読すべき院内の規定やマニュアルの一覧作成と、どこにあるかを明記する。
● 部門で作成し、配布してきた評価表なども掲載する。

ソーシャルワーク部門マニュアルの内容の例

□ ミッション・組織体制
□ ソーシャルワーク部門の運営
□ 基準・規程・マニュアル
□ 相談の受付・担当者決定
□ スクリーニング
□ 相談支援のプロセス
□ ケースカンファレンス
□ スーパービジョン
□ 診療科・病棟カンファレンスへの参加
□ 院内連携・仕組みづくりの活動
□ 地域連携活動
□ データの作成・情報の整備・業務マネジメント
□ 評価・研修・専門職活動

上記の各業務は説明文書を作成し、一部の業務は方針と手順も掲載しました。

　これらのマニュアル作成を通じて、明文化されていなかったことや、不明瞭であったことが明らかになり、業務全体を見直すきっかけにもなりました。

　そして、マニュアルの作成後は、新人や学生などのオリエンテーションに使用し、教育・スーパービジョンの時においても資料を探す必要がなくなり、説明も格段に良くなりました。またスタッフも、何度も読み返すことができるなどのメリットもありました。

Ⅲ. 業務全体を把握できる資料がない組織のマニュアルの作成

　マニュアルは所属組織ごとに作成していくことになります。

　しかし、業務全体を把握できる資料がなかったり、マニュアルも一部のみ作成している組織もあると思います。そのような場合には、以下の手順で作成を行うことができます。

業務全体を把握できる資料がない組織のマニュアル作成の例

1. 実際に行っている業務を様々な文書から抽出し、全体をまとめた業務表を作成する。
2. 各業務の役割分担表を作成する。
3. 各業務のマニュアルの作成を開始する。
4. 中堅スタッフへ説明し、業務表や役割分担表、マニュアルについて説明し、意見を聞く。
5. 業務の担当者にマニュアルの記述を依頼する。
6. 必要と思われる項目を追加し、記述する。
7. 必要な資料を掲載し、完成させる。

　実際に、マニュアルの作成過程において、他のスタッフの業務の詳細はわからないということが明らかになった組織がありました。しかし、マニュアル作成後には新入職員でも業務全体を把握でき、スタッフ間も理解しあえる体制に改善されました。

　このように、どのような組織でも、まずは自組織で行われている業務や取り組

みを明文化する作業を行うとマニュアルの作成が可能です。

　日本では、長年ソーシャルワーカーの人数が少なく、スタッフの顔が見える範囲で、きめ細やかに業務を伝授してきた経緯がありました。

　しかしソーシャルワーカーの人数が増えてきた今日では、自組織での業務とその手続きが、誰でもわかるようなものを備えておくことが必要になったと思います。

　いかがでしょうか？

　まずは、いつも口頭で説明していることを明文化する自組織オリジナルのマニュアル作成を行うことから始めてはいかがでしょうか。

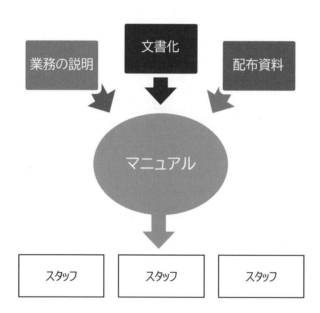

No. 3
介入対象者の決定

Q. ソーシャルワーカーが患者さんの支援を行っていく場合、あらか
じめ介入対象者を決めておき、その対象者に支援・介入を行う
方法があります。
あなたの組織では、介入対象者を決められているでしょうか？

Ⅰ. 介入対象者を決定することの必要性

　ミシガン大学ヘルスシステムでは、ソーシャルワーカーの介入が多い診療科の病
棟や外来にソーシャルワーカーが配置されていました。
　そのため病棟のスタッフは、病棟に配置されたソーシャルワーカーがどのような
患者さんに対応するかを把握しているため、すぐに依頼がくると語っていました。
　また、救急外来のソーシャルワーカーは夜間でも「重症の心疾患で亡くなりそう
な患者さんには必ず対応する」、高齢クリニックのソーシャルワーカーは、「初診患
者のインテーク」と「退院直後の患者さんに必ず面接する」[3] と決められていました。

　日本においても、例えば、回復期リハビリテーション病棟などの入院相談時に、
ソーシャルワーカーが対応する病院も多く、介入対象者を決めて対応されている病
院も多くあることと思います。

　また、ミシガン大学ヘルスシステムとニューヨークプレスビテリアン病院の必須研
修には、虐待と家庭内暴力（DV）のケースの対応が含まれており、ソーシャルワー
カーが必ず対応すること、対応について研修を受けること、が示されていました。

　この虐待については、私が共同研究で行ったソーシャルワーカーへの調査[18] においても、現場のソーシャルワーカーは、虐待の指標の必要性を高く評価しており、虐待やDVケースは、ソーシャルワーカーが介入する共通の対象と言えるでしょう。

　虐待・DV ケースは、すでに虐待をチームで対応する仕組みがある病院もあると思いますが、"必ずソーシャルワーカーが介入すること"を院内に周知し、仕組みを作っておくことが必要となります。

Ⅱ. ソーシャルワーカーの介入対象者を決定する

■ ソーシャルワーカーが必ず介入する患者の例

- 新規に透析導入となる患者さん全員に、経済的支援となる制度の情報を面接して提供
- 脳神経内科で難病と診断された患者さん全員に、特定疾患の医療費助成制度の情報を面接して提供
- がんで緩和ケア病棟への移行が必要な患者さんとの面接
- 認知症プログラムに参加された家族との全員面接
- 虐待・虐待疑いの患者さんへの介入
- 無保険の患者さんには必ず介入

　このように、必ず介入するケース、あるいはルーティーンで対応することにするなどを決めて、対応できる仕組みを作っておくことも必要な体制と言えます。

■介入対象者の決定のプロセス

① ソーシャルワーカーが必ず介入するケース（介入対象者）を検討し、決定する。

② 必ず介入するケースについて、どのようにして依頼を受けるかを決定する。あるいは診療科チームの場合には、チームで話し合う。

③ 院内のチームあるいはケースによって、院内全体に周知する方法を検討し、実施する。

④ 介入対象者を決めて対応している場合には、マニュアルに明記する。

■介入する患者さんを決めておくことのメリット

● 必ず介入する患者さんを決めることで、漏れなく、相談支援が必要な患者さんに関わることができます。

● 制度の情報提供を目的とした面接であったとしても、患者さん・家族と面接を行うことで、患者さん・家族の抱えている事情や問題を確認する機会となります。

● 面接を通じて支援ニーズが明確になり、継続的に支援介入することが可能となることもあり、相談室を知ってもらうことで、患者さんが別の機会に再度相談しやすくなります。

介入対象者の決定についても、検討されてはいかがでしょうか？

No. 4
スクリーニング

Q. ソーシャルワーカーが支援・介入する方法として、「介入対象者を決定」する方法以外に、「支援する患者をスクリーニングする」方法もあります。
あなたの病院では、スクリーニングが行われているでしょうか？

Ⅰ．スクリーニングの必要性

スクリーニングは、全米ソーシャルワーカー協会（2016）のヘルスケア領域のソーシャルワーク実践の基準[8]にも明記されています。

日本においても数多くのスクリーニングの研究が行われ、私もスクリーニングの開発研究[19.20]を行いました。今日では、退院支援が診療報酬で評価されるようになり、入退院支援加算の算定要件に退院困難な要因[21]が示され、多くの病院でスクリーニングが実施されるようになりました。

入退院支援加算1及び2の算定要件：退院困難な要因

ア 悪性腫瘍、認知症又は誤嚥性肺炎等の急性呼吸器感染症のいずれかであること
イ 緊急入院
ウ 要介護状態であるとの疑いがあるが、要介護認定が未申請
エ 家族又は同居者から虐待を受けている又はその疑いがある
オ 生活困窮者である
カ 入院前に比べADLが低下し、退院後の生活様式の再編が必要

キ	排泄に介助を要する
ケ	退院後に医療処置（胃瘻等の経管栄養法を含む）が必要
コ	入退院を繰り返している
サ	入院治療を行っても長期的な低栄養状態になることが見込まれること
シ	家族に対する介助や介護等を日常的に行っている児童等であること
ス	児童等の家族から、介助や介護等を日常的に受けていること
セ	その他患者の状況から判断してアからスまでに準ずると認められる場合

厚生労働省（2022）令和 4 年度診療報酬改定の概要 [21] より抜粋

次に、スクリーニングのツールを紹介します。

■「ソーシャルワーカー介入必要基準」を用いたスクリーニング

　宮内、大出、笹岡ら（2014）[22] によって、ソーシャルワーカーが介入する必要性のある患者さんを特定するためのツールが開発されました。このスコアを参考にすることによって、より介入の必要性が高い患者さんを発見（スクリーニング）することができます。

ソーシャルワーカー介入必要基準（2014）

ソーシャルワーク介入必要基準	スコア
□脳血管疾患　□脊髄損傷　□終末期　□身寄り無し	4
□骨折　□褥瘡　□キーパーソン不在 □定期受診が守られていなかった	3
□精神疾患　□脱水　□ 75 歳以上　□独居・日中独居 □服薬管理ができていなかった　□介護保険サービスを利用している	2
□認知症・認知機能の障害　□肺炎・誤嚥性肺炎 □がん性疼痛　□緊急入院　□高齢者のみの世帯	1

宮内、大出、笹岡、他（2015）ソーシャルワーカーの介入必要基準の開発 [22] より抜粋

※このツールは、入院患者を対象に調査を行い、ソーシャルワーカーの介入割合が高かった項目をスコア化した結果、スコアの合計が 11 の患者さんには、ソーシャルワーカーの 7 割が介入、スコア 6 ～ 10 には、ソーシャルワーカーが5割介入など、複数の項目がついた患者さんに高く介入していることがわかりました。

■米国のがん患者の苦痛のスクリーニング

　ミシガン大学ヘルスシステムにあるがんセンターのソーシャルワーカーは、「患者さんは基本的に援助を求めない傾向があり、定期的に患者さんに確認する必要を感じている、NCCN（National Comprehensive Cancer Network）で作成されたがん患者のスクリーニングの仕組みを導入する」[3] と語られていました。

　このスクリーニングは、NCCNのがん患者の苦痛管理のガイドラインに、苦痛の早期評価とスクリーニングが示されており、心理社会的問題を特定し、その特徴によって、ソーシャルワーカーやチャップレン、メンタルヘルスの専門家に紹介される仕組みが提示されています。

　その方法は、診察を待つ間に患者さん自身がチェックするスケールや問題リスト、担当医が苦痛の程度をみて誰に紹介するかのフローも示されています。

　米国外科学会は2012年に、病院のがんプログラムに関する認定基準に、この苦痛のスクリーニングを含むことを公表し、今日多くの病院でスクリーニングが実施されています（最新版はVer.3,2019）[23]。

　これらは、スクリーニングされた後に誰に紹介するかも考えられ、適切な専門職がチームで支援する理想的な体制であり、私達も学びたいと思います。

Ⅱ. スクリーニングの導入・仕組みづくり

　それでは、スクリーニングを行っていくための仕組みづくりとして、退院支援スクリーニングの仕組みづくりの例をご紹介します。

■退院支援が必要な患者のスクリーニングの仕組みづくりの例

　1. 入退院支援加算１に示されたスクリーニング項目を確認する。
　2. スクリーニングを行う担当者を決める。
　3. スクリーニングされた患者のカンファレンスの日程、参加者を決める。
　4. カンファレンスで支援対象者が決定した後の流れ（フロー）を作成する。
　5. 各病棟の退院支援職員や担当者を決める。
　6. 院内に周知し、スクリーニングを開始する。

Chapter 1

■スクリーニング導入のポイント

● スクリーニングは病院全体で取り組むものであり、看護部等と協働して仕組みづくりを行うことが必要です。

● 患者さんに関わるすべての職種がスクリーニング項目を熟知して、支援ケースを発見できることが望ましいため、普及活動が必要です。

● スタッフの人数が少なく、全病棟のスクリーニングを実施できない病院もあると思います。その場合には、一部の病棟をモデル病棟として実施し、その効果を評価・報告し、スタッフの増員を要望します。そして、スタッフが増えた段階で、対象病棟を増やしていく、段階的な導入の方法もあります。

● 診療科のカンファレンスにソーシャルワーカーが参加して、新規患者さんのレビューにおいて、スクリーニングする方法もあります。

　あなたは、患者さんに出会った時に、「実は以前から困っており、誰にも相談できなかった」ということを聞いたことはないでしょうか？

　先に紹介した米国のがん患者さんの苦痛のスクリーニングの背景にも、患者さん自身が担当医には苦痛を自ら語らない傾向があることから仕組みの導入が考えられました。

　私達の身近にも、自ら相談できない、あるいは相談までのアクセスを知らないなど、支援ニーズのある患者さんは、まだまだ潜在的にいると思われます。

　そのような患者さんに近づくには、スクリーニングが有効な方法です。最終的には、医療機関全体で支援を必要とする患者にもれなく、ソーシャルワーカーが支援を提供できることが患者さんにとっても必要な仕組みなのです。

　まだ導入されていない場合には、試行的にも行ってみるのはいかがでしょうか？

No. 5
職務分担 / 職務記述書
Job Descripion

Q. ソーシャルワーカーは、どのような役割分担で業務を行うとよい
でしょうか？
また、どの程度の能力や経験があれば、仕事をスタッフに依頼し、
任せて（委託）いるでしょうか？

Ⅰ．職務分担の必要性

　海外では、職位ごとの職務を記述した職務記述書（Job Description）が作
成され、その職位のスタッフに業務を委託する方法がとられています。
　職務記述書とは、仕事の概要、権限や責任、職務内容とその能力等が記述され
た文書で、スタッフに渡され説明されます。
　日本では職務記述書の作成が一般的ではないため、ここでは職務記述書に記載
されている職位ごとの職務の分担についてご紹介します。
※ Job Description に関心のある方は、インターネットで検索すると、様々な医療機関で作成さ
れているものをみることができます。

　私がインタビューに行った時に、ミシガン大学ヘルスシステムとニューヨークプレ
スビテリアン病院の職務記述書とヘルスケア領域のソーシャルワークリーダーシップ
協会が作成した職務記述書（2008）[3] を入手することができました。それらを調
べた結果、ソーシャルワーカーの段階は、大きく分けて4段階あると考えられます。
その段階は、ライセンスの段階でもありました。
　米国のソーシャルワーカーのライセンスは州によって認定される仕組みで、参考
までに、ミシガン州ソーシャルワーカー協会のホームページの情報 [24] を紹介します。

■ライセンス　　：認定された学士のソーシャルワーカー（LBSW）

　　　　　　　　　認定された修士のソーシャルワーカー（LMSW）

■限定ライセンス：LBSW取得までの限定（LLBSW）

　　　　　　　　　LMSW取得までの限定（LLMSW）

※ライセンスの取得には、BSW（学部卒）、MSW（大学院卒）ともに、卒業後にフル
　タイムで2年間の経験等が要件とされており、その後試験を受けてライセンスを取得
　する。したがって、ライセンス取得までの間の限定ライセンスがある。

　このように、学部卒で働く際には、限定のライセンスLLBSWを取得して働きます。
その後2年の経験を経て、ライセンスを取りLBSWになることができます。そして
大学院卒業後も限定のライセンスLLMSWを取得して働き、その後2年の経験後
にライセンスを取得し、LMSWとして働く仕組みとなっています。
　2012年の職務記述書では、限定とライセンスの職務はほぼ同じであり、さらに、
経験・能力を積んだシニアソーシャルワーカー、マネージャーの職位があり、4段
階と考えられました。

ソーシャルワーカーの段階

段階	職位
I	LLBSW
	LBSW
II	LLMSW
	LMSW
III	シニアソーシャルワーカー
IV	マネージャー

※ LL は、Limit Licese の略

　また、この4段階が米国特有のものであるかどうかについて、アイルランドの全
国ヘッドメディカル・ソーシャルワーカーフォーラム（2014）が示したソーシャルワー
クコンピテンシーフレームワーク[9]に示されたの職位別の職務と比較したところ、ア
イルランドも4段階が示されており、米国と職務の約7割が共通していました。

ソーシャルワークとソーシャルケアの辞書（2018）[15] による英国のキャリアステージも、4段階（ソーシャルワーカー、経験豊富なソーシャルワーカー、上級実践者 / 専門教育者 / 管理者、主任ソーシャルワーカー）が示されていました。

ミシガン大学ヘルスシステムのシニアソーシャルワーカーの情報によると、現在はキャリアパスが作成されており、職務は配属部署によっても若干異なっているとの情報でしたので、米国訪問時に入手した2つの医療機関とリーダーシップ協会の職務記述書に明記されている職務と最新のミシガン大学のキャリアパス（求人情報）[12] に記載された職務を確認しました。

その結果、職位の段階はいくつかあるようでしたが、職務内容は大幅には変更されていないと思われました。

日本においては段階別の職務のモデルが示されていないため、米国の資料を元に段階別の職務の表を作成しましたのでご紹介します。

※職務の分類は、カデューシン と ハークネス（2002）[25] のソーシャルワークの評価に示された項目を枠組みとして使用しています。

第1段階のソーシャルワーカーの職務

I		
BSW		
分　類	No.	職　務
ソーシャルワークプロセス	1	環境上の困難を抱える患者 / 社会的問題の解決を支援
	2	地域の情報提供と紹介による支援
スタッフや地域との関係形成	3	学際的チームに参加
	4	院内連携・ケアの調整
	5	医療スタッフ、患者、親族、関係機関への連絡
所属組織の運営	6	スタッフミーティングに参加
	7	質の向上・改善活動に参加
	8	月次統計・レポート作成
スーパービジョン	9	スーパービジョンを受ける
専門職活動	10	訓練を受ける / スタッフ教育に参加する

Chapter 1

　第1段階のソーシャルワーカーは、地域の情報提供や紹介を要するケースを担当し、学際的チームに参加し、院内の他職種と連携して、患者さん・家族・院内・地域の連絡役としても役割を担います。実践はスーパービジョンを受けて介入し、訓練や教育にも参加します。さらに、ミーティングや質の向上・改善活動にも参加します。

第2段階のソーシャルワーカーの職務

Ⅱ		
MSW		
分　類	No.	職　務
ソーシャルワークプロセス	1	複雑・困難なケースを担当
	2	環境や家族関係の社会的評価のために、患者と家族から背景情報を収集
	3	患者や家族に対し、アセスメントや治療にかかわるケースマネジメントを行い、諸問題の理解や解決に向けた支援
スタッフや地域との関係形成	4	学際的チームに参加
	5	得られた情報について、医師、看護、その他の院内・地域の関係者と話し合う
	6	患者のチームやサービス関係者と協力
	7	地域活動に参加 / プレゼンテーション
所属組織の運営	8	プロジェクトや委員会に参加
	9	ミーティングに参加
	10	SW の開発・質の向上・改善活動に参加
スーパービジョン	11	スーパービジョンを受ける
	12	学生の実習・教育活動に参加
専門職活動	13	継続教育・トレーニングに参加
	14	データ分析・研究に参加

　第2段階のソーシャルワーカーは、複雑・困難なケースを担当し、学際的チームに参加し、支援に関する話し合いと連携をチームや関係者と行い、サポートを提供します。
　地域の活動にも参加し、必要に応じて、プレゼンテーションも行います。また、院内のプロジェクトや委員会、開発・改善活動、データ分析や研究にも参加してい

きます。

　さらに、自らスーパービジョンを受けるとともに、学生や新任スタッフへの教育にも参加、スキルアップのために、継続教育にも参加します。

第3段階のソーシャルワーカーの職務

Ⅲ		
シニアソーシャルワーカー		
分　類	No.	職　務
ソーシャルワークプロセス	1	高度なレベルを要する複雑・重層的問題のケースを担当
	2	患者・家族への教育活動
クライアントシステムとの関係構築	3	不測の事態に対応
スタッフや地域との関係形成	4	学際的なチーム内で心理社会的ケアの専門家として機能
	5	病院内の各部署や外部の機関と連携
	6	広報・プレゼンテーション
	7	プロジェクト／病院の重要な実践の改善に取り組む
	8	地域機関との連携
	9	臨床またはコミュニティプログラムの開発
所属組織の運営	10	管理業務
	11	SW会議、委員会に参加
	12	部門または組織の取り組みを主導
	13	記録、統計、報告
スーパービジョン	14	スタッフ・学生へのスーパービジョン
	15	スタッフへの教育・指導
	16	複雑な問題はスーパーバイザーに相談
専門職活動	17	スタッフの評価
	18	臨床研究活動に関与または主導
	19	継続教育を受ける

　第3段階のソーシャルワーカーは、複雑・重層的問題のケースを担当し、トラブル時の対応、プレゼンテーション、組織内の改善・開発に取り組み、スタッフのスーパービジョン、教育、評価の役割も担います。また、管理業務にも携わり、研究も行います。

Chapter 1

第4段階のソーシャルワーカーの職務

IV		
マネージャー		
分　類	No.	職　務
ソーシャルワークプロセス	1	スタッフの複雑なケースのサポート
スタッフや地域との関係形成	2	院内他部署との連携
	3	他部署からの相談役
所属組織の管理	4	SW 部門の運営活動を計画、指揮、組織、監督
	5	患者と家族のプログラムを計画および実施
	6	部門のプログラム / イニシアチブの目的、方針、手順を策定
	7	スタッフの採用面接、選考
	8	予算計画、レポートの作成
	9	統計・システムの監視
	10	給与・労働時間の設定と業務の調整
	11	苦情への対応
スーパービジョン	12	スタッフの教育・研修
	13	スーパービジョン
	14	学生の諸活動の調整
専門職活動	15	評価
	16	講義・講演
	17	専門職団体で活動

　第4段階は、マネージャーの役割を担います。

　部門全体の運営の監督、業務のプランニングを行い、様々な業務の方針・手順の作成、プログラムの見極めも行います。スタッフの採用、配置等の人事や管理業務、教育・スーパービジョン、業務の調整も行います。

　さらに部門の統計監査、評価を行い、部門の代表者として経営者や関係部署、地域との円滑な連携を構築します。

Ⅱ. 職務分担のステップ

　このような職務分担を示すまでには、いくつかのステップがあったと考えられました。すなわち、マネージャーは 1) 業務を設定し、2) 能力に合わせた職務を考え、3) 職務の体系化を行い、4) 明文化したプロセスを経て、職務分担を考えたと思われます[26]。このような職務分担を応用していくには、以下のようなステップが考えられます。

■職務分担のステップ

　　1. ソーシャルワーカーの能力・経験別の段階を考える。
　　2. 段階別の職務を考える。
　　3. スタッフの能力・経験の評価を行う。
　　4. 職務を委託する。

■職務分担のポイント

● スタッフの能力に合わせて職務を委託することは、クライエントへの支援に効果的に対応できますし、エキスパートのシニアソーシャルワーカーによる院内トラブル解決や業務の質改善は、ソーシャルワーカーの必要性の認識を深めることにもつながると思われます。

● 逆に経験年数の低いスタッフが能力に伴わない仕事を行なった場合には、本人も対処できず、ストレスフルになるなどの状況が生じます。そのため、特にケースに対しては、能力にあったケースを分担する仕組みが必要です。

● 院内や関係機関との連携においても、対応する機関や人が増えると、意見の相違や複雑な状況への対応となりますので、上級者が対応するとよいでしょう。

あなたの職場ではいかがでしょうか？

　職場によっては、経験年数が低いスタッフが多く、職位もない病院もあるかもしれません。そのような場合には、スーパービジョンやサポートの導入（外部で受けることも含めて）を考えることが必要かもしれません。

　この他、ケース以外の業務はどうでしょうか？その問いについても、米国の職務分担が参考になると思います。

ソーシャルワーカーの段階と職務分担

			監督
		管理業務	
		開発	
	SV・教育		
連携			
情報提供・紹介ケース	複雑・困難ケース	高度ケース	サポート
Ⅰ	Ⅱ	Ⅲ	Ⅳ

No.6
ケースの担当者の決定

Q. 職務分担のところで、ソーシャルワーカーの段階によって、ケースを担当する方法を紹介しました。
あなたの組織では、ソーシャルワーカーのケースの担当者はどのように決められているでしょうか？

Ⅰ. ケースの担当者を決定する必要性

　全米ソーシャルワーカー協会（NASW）は、1981年にソーシャルワーク実践に関する分類基準を公表し、基礎レベル、専門レベル、独立レベル、高度レベルの4つのレベルを示しました。

　高度レベルは、管理・運営責任の役割で、ケースについては、基礎、専門、独立のそれぞれに、ケースの状況の複雑性やクライエントおよび地域社会の脆弱性への対応を示しています[27]。

　職務分担のところでも述べましたが、米国の職務記述書やアイルランドのコンピテンシーフレームワークにおいても、ソーシャルワーカーのレベルが上がるほど、難易度の高いケースを担当することとされていました。

　ソーシャルワーカーに能力やスキルが伴っていなければ、どんなに誠意を込めても対応困難と思ったり、葛藤しながら対応することになり、クライエントにとっても適切な支援提供が難しくなります。

　英国ソーシャルワーカー協会とバース・スパ大学、ソーシャルワーカーユニオンによる調査（2020）[28]では、ソーシャルワークの管理が難しい仕事の第一の要因は、「ケースロード」に関連している（ジャーメイン M. ラベリエ, 2019）。「多

すぎるケース、極めて複雑なケースが少ないこと、あるいは質的・量的にもケース数が多いこと」が、英国のソーシャルワーカーの困難の一つであると報告されています。日本でも同様かもしれません。

　このようなケースの仕事自体が、ソーシャルワーカーの困難ともなりうるため、ケースの担当者を決定していくことは、スタッフに影響する重要な業務と言えます。

Ⅱ. ケースの分担の方法

　私は前職においてNASWの分類基準を元に、想定されるケースを示した難易度表（p 42 参照）を作成しました。ケースの担当者の決定等に使用していたのが次のページにあります「急性期病院におけるソーシャルワークのケースの難易度表」です。

　このような表を基に、ケースの難易度をあらかじめ決めておくことによって、担当者の振り分けを比較的容易に行うことができます。

　ケースのレベルの判断は、「脳卒中回復期リハビリ転院」のケースを例にしてみると下記の様になります。

　　　レベルⅠ：患者さんや家族の力があり、情報提供や説明によって比較的ス
　　　　　　　　ムーズに受け入れて転院する
　　　レベルⅡ：レベルⅠに追加で、経済的問題や家族の問題が重複してあった
　　　　　　　　場合
　　　レベルⅢ：レベルⅠとⅡに追加で、転院そのものを拒否したり、抵抗する
　　　　　　　　感情的な不安定さがある場合

急性期病院におけるソーシャルワークのケースの難易度表

		NASW（1981）ソーシャルワーク実践の分類基準	急性期病院の支援ケースの例
レベルI	基礎	定例サービスまたは目標が容易に達成できる職務	□脳卒中回復期リハビリ転院
		ある程度の困難さを伴うが、単一の機能・クライエントの期待が明確	□整形外科疾患の回復期リハビリ転院
		資源が利用できる場合に、他のクライエントと利害が競合しない	□制度・サービスの情報提供を要するケース
		限定されているか、あるいは潜在的な資源しかないが、確認された精神的および社会的ニーズ	
レベルII	専門	利害の異なるクライエントを2人以上扱う	□家族状況不明
		サービスや人事の調整のために責任を伴う複数のサービス機能	□経済状況不明
		大きな困難を示す目標	□在宅サービスの調整を要する相談
			□経済的問題の相談
			□在宅療養が不安定・困難
			□肺炎・高齢内科疾患・合併症患者の転院
		情緒が混乱している、または矛盾する社会的ニーズをもつクライエント	□がん患者の療養目的の転院
		（クライエントおよび地域社会の脆弱さ）	□認知症患者の転院
		アクションは、長期的な可能性があるが、生命を脅かすほどの状況ではない、あるいは精神的安定に対する危険がある	□精神疾患患者の転院
			□脳卒中等重症患者の転院
			□がん患者の予後1年以内の転院
		資源が簡単には利用できない	□転院先の確保が難しい
		ニーズを自覚するクライエントやグループの能力が、極度に低い	□家族が相談室になかなか来ない、相談ニーズが低い
レベルIII	独立	サービスを受けている人たち、またはグループの間での深刻な葛藤	□家族が役割を果たせない、疎遠関係・機能不全・身寄り無
			□虐待・DV
			□転院・退院を了解できない・抵抗している
		複数の原因要素─大きな資源の欠如	□社会資源がない・資源に結びつかない
			□住居がない
		変革をしようとしているクライエントの能力の妨げになっている無意識のニーズが明瞭	□苦情ケース
		管理、企画、調査がほどほどの経費または危険が伴う	□治療拒否・サービス拒否・病識なし
		情緒的及び社会的サービス目標が高度に複雑	□救急外来で迅速に入院可否・調整・紹介の判断を要する
			□緩和ケアで限られた日数（余命1か月以内）支援を要する
			□身寄りなしで亡くなりそうなケース
		クライエントやグループが自己のニーズを見出すことができない	□精神疾患、もしくは疑いがあるが治療につながっていない
		アクションが精神的安定に対する危険をはらんでいる	□自殺未遂で入院
			□アルコール依存症・摂食障害で専門治療への移行を要する

全米ソーシャルワーカー協会（NASW,1981）ソーシャルワーク実践に関する分類基準（一部抜粋）を元に、筆者が急性期病院での支援ケースの例を示し、レベルで表示したもの。前職では上記のレベルIIIのケースをさらにレベルIVまで提示していた。

　このケースの難易度表はマニュアルに掲載し、新規ケースのレビュー時や、ケースの担当の報告時（日報表）に使用しました。スタッフからのケースのレベルの報告によって、レベルの高いケースを何件受け持っているかやスタッフの能力や経験によって、1人で担当を継続できるかなどを判断する方法としていました。

　このようなケースの難易度表を用いることによって、スタッフも徐々に自身で対応できるかを判断できるようになるなど、様々な場面において使用することができます。

■ケースの担当者の決定の方法とポイント

ケースの担当者を決定する方法は、いくつかあります。

A.　依頼されたケースの担当者を決める。 　　① ケースの担当を振り分ける担当者を決定する。 　　② ケースの振り分け担当者は、以下の手続きでケースの担当者を決定する。 　　③ ケースの難易度を見極める。 　　④ どのスタッフがケースに対応できるかを判断する。 　　⑤ スタッフの受け持ち件数、新規の受付件数、難しいケースの件数を考慮する。 　　⑥ 担当者を決定する。 B.　スクリーニングされたケースを誰が担当するかを決める。 C.　外来でインテークを行ったソーシャルワーカーがケースを担当するかなども 　　あらかじめ決めておく。

　ケースの担当者の決定は、マネージャーが行う方法や、中堅のスタッフがケースを分担する方法をとっている病院もあります。

　たとえば、経験年数の少ないソーシャルワーカーが、インテーク面接を行った結果、複雑・困難ケースだった、というようなことがあります。マネージャーはその報告を受け、そのスタッフが継続できるか、担当者を変更したほうがよいかどうかを判断することも必要です。

　いかがでしょうか？ソーシャルワーカーがケースにはレベルがあることを認識・理解できるようになると、1人で抱え込まず相談することも可能となり、部門内で検討・サポートすることが可能となります。

Chapter 2
配置と教育

No. 7
採用

Q. スタッフを採用することになった場合、どのような方法で採用されて
いますか？
また、採用に至るまでに、どのような人材が必要と判断されているで
しょうか？

Ⅰ. 採用プロセスとポイント

　カデューシンら（2009）[13] は、管理的スーパーバイザーは、「機関で働くソーシャルワーカーの採用を任されているので、その機関にうまく「適応する」者を選ぶように努める。・・・その基準は、業務をするための価値や知識、技術を有していること、性格や態度、精神的成熟度をもち、職場の皆にとって違和感もなく、組織目標の達成を受け入れていることである。」と記しています。

　クールシェッドら（2006）[6] による採用プロセスとそのポイントも参考となります。
　採用は業務分析から行い、必要とされる職務内容と人材を明確にした上で、採用手続きを行うことが示されています。

ベロニカ・クールシェッドらによる採用プロセスとポイント

① 現在の運営体制および将来の組織発展計画に基づいて、有効性や費用対効果を検討
② 業務分析を行い、職務を決定
③ 職務内容の規定を行う 　※職務の位置づけ、職務概要、仕事内容、労働条件等

④ 応募手順、応募者からの質問対応、選考までの過程を決定

⑤ 募集と就職説明会
　　※外部に広報する機会となる
　　※業務内容、その仕事に求められる課題と力量を明確にし求人広告を出す

⑥ 面接・書類選考による候補者の明確化

⑦ 面接候補者名簿の作成

⑧ 選考：面接、申し込み用紙、推薦書、心理テスト、試験の活用等
　　※面接は複数で行う

⑨ 課題に基づく評価

⑩ 応募者へのフィードバック

ベロニカ・クールシェッドら（2006）今求められるソーシャルワーク・マネジメント[6]より一部抜粋し、表にまとめたもの

■採用における適性の判断

　カナダのブリティッシュ・コロンビア州のヘルスケアソーシャルワークワーキンググループ（2022）[29] は、公共医療機関のソーシャルワーク職の適性を判断するため、ソーシャルワーカーのコンピテンシーを作成し、公表しています。

ブリティッシュ・コロンビア州のソーシャルワーカーコンピテンシー

1 - エンゲージメント
インテークの優先順位の判断力
緊急性と介入の優先レベルを理解
医療・ケアに関与させる能力
医療の意思決定の同意の必要性 / 後見人の紹介プロセスの理解

2 - アセスメント
効果的な面接を行う能力の実証
成人と未成年の能力の評価の理解
安全性の評価に関する知識と実施能力
身体的、精神的、感情的、心理的な病気が人に与える影響の特定と説明能力
脆弱な成人 / 未成年のリスクの評価と介入のタイミングの判断能力

3 - 介入

アセスメントによるケアプラン作成と介入の知識・技術・能力の実証

ケアコーディネートの知識、スキル、能力の実証

健康管理上の懸念、病気の家族関係への影響と家族問題の対処能力

複雑な健康や家族の状態において、仲裁する能力

健康の社会的決定要因と本人・家族への影響の分析能力

効果的な教育の理解と実行

介入を調整する能力

グループファシリテーションのスキルの実証

本人・家族のニーズを踏まえた支援的なカウンセリング

リスクマネジメントを理解し、実践に活かす能力

悲嘆と喪失の理解と重病の会話 / アドバンスケアプランニングの理解

4 - リーダーシップ、スーパービジョン、方針

文書と口頭の高度なコミュニケーション能力の実証

組織変革やプログラム開発の原則と適用の理解

SW におけるヘルスケアの臨床的な専門知識の実証

スタッフや学生の成長を促進するリーダーシップの知識と能力の実証

方針の更新業務の理解の実証

5 - 研究、評価、品質向上

様々な方法論による研究能力の実証

ベストプラクティスや基準の明確化

品質向上の結果の評価と評価の知識と能力の実証

Registerd Social Worker Competencies within B.C.Health Care,2022 に示されているコンピテンシーを原田が要約し、一部を表にまとめたもの

　このコンピテンシーによって、採用したいソーシャルワーカー像を明確にすることはできますが、実際の採用面接や試験で、これらの項目すべてを確認することは困難です。

　そのため、重要と思われるいくつかのコンピテンシーを選び、面接で質問する、あるいは小論文のテーマにして経験を記述してもらう、様々な経験や業績をレポー

トにまとめて提出してもらうなどの方法により、確認できると思われます。

Ⅱ. スタッフの採用の検討と要望までのプロセスの例

「スタッフの人数が少ないのではないか」あるいは「新規の事業を行うため増員したい」と考えた時に、どのように要望していくのかについても例をご紹介します。

---

1. 採用が必要かどうかを評価し、採用計画をたてる。

   ● スタッフの人員は足りているか、増員が必要な状況かを評価する。

   評価の資料

   ● 現在の相談支援実績のデータ

   ● スタッフの残業を含む勤務の状況

   ● 新たな業務の依頼あるいは計画の有無

2. 増員が必要と判断された場合

   ① 増員の根拠資料を作成する。
      ※増員の意図、必要な業務、見込まれる効果など

   ② 業務とスタッフの業務展開、新たに行いたい業務なども含めて、人員配置計画をたてる。
      ※新卒か、経験があるスタッフが必要かも考える。

   ③ ①〜②を組み込んだ要望書を作成する。

   ④ 上長へ相談する。
      ※組織の手続きにもよりますが、自身がマネージャーで、部門の人事の相談ができる立場にあれば、人事担当や経営幹部に相談、要望を行います。

病院組織でどのような採用方法が行われているか、共通のエントリーシートや適性試験の実施、面接者など人事担当に事前に確認することが必要です。

いかがでしょうか？採用については、一度方法を決めておくと、次からの準備も比較的スムーズになると思われますので、一度検討しておくことをお勧めします。

No. 8
オリエンテーション

Q. スタッフの入職時にオリエンテーションはどのようにされていますか？
また、オリエンテーションにおいて、どのような説明をされていますか？

Ⅰ. オリエンテーション・チェックリストとは

ミシガン大学ヘルスシステムとヘルスケア領域のリーダーシップ協会において、
"オリエンテーション・チェックリスト"が作成されています。
オリエンテーション・チェックリストとは、入職時にオリエンテーションで説明すべ
き内容を表にし、説明後にチェックするフォームです。

オリエンテーション・チェックリスト	
1	組織
2	施設見学 / 部門 / オフィス / キーとなる場所
3	SW 部門の情報
4	SW スタッフ
5	SW 事務室
6	SW 取り組み
7	SW 実績 / 統計
8	他職種・チームとの連携
9	規定 / 方針 / 手続き / ガイドライン・マニュアル
10	パフォーマンス / 行動 / 衣服
11	必要な研修 / 教育
12	コンピテンシー
13	守秘義務 / プライバシー
14	ケアプラン / 社会資源
15	文書化一電子カルテへの記録、フォーマット
16	コンピュータの使用
17	ミーティング・委員会

Ⅱ. オリエンテーション・チェックリストの実際の活用

　オリエンテーション・チェックリストをはじめて見た時、なぜこのようなものが必要なのだろうかと疑問に思いました。

　しかしその後、スタッフを複数名採用した時にオリエンテーション・チェックリストを作成しました。

　そして実際に使用した結果、入職したスタッフは受講した研修をチェックし、重要なポイントを把握することができること、また説明する側も、伝えもれを防ぐことができることがわかりました。

　オリエンテーションはどこの組織でも行われ、組織特有の仕組みなども説明されていることと思います。しかし、オリエンテーション・チェックリストを作成している病院は少ないのではないでしょうか。

　オリエンテーション・チェックリストを新人のトレーニング項目として示し、説明と研修を一緒に実施している病院もあります。

- たとえば、オリエンテーション・チェックリストの6つめの「SWの取り組み」では、組織内で決められている重要な規定や方針、手続きについて十分に説明されます。このように、各病院で作成する時には、説明すべき事項を決め、資料を準備してオリエンテーションを行いましょう。その際に、チェックリストのどこまで実施したかを把握できるようなフォームとすることで、もれなくだぶりなく実施できる有効なツールとなります。
- 米国では、オリエンテーションはマネージャーやスーパーバイザーが主として説明を行っているようですが、日本ではスタッフ数も少ないため、内容によってスタッフで分担して行ってもよいと思います。
- このオリエンテーション・チェックリストは、単にチェックリストを用いて、「仕事の説明を行う」ものではなく、その業務が、何をどこまで、どのように行うのかを最初に説明しておくことが重要であることを示しています。

　あなたの病院においても、作成されてはいかがでしょうか？

No. 9
配置

Q. スタッフの配置とは、外来や病棟の担当を配置することです。あ るいは、がん診療連携拠点病院のような認定をとっている場合 には、社会福祉士の配置が要件として示されていますので、そ の担当を決め、配置することが必要です。
スタッフの配置は、どのようにされているでしょうか？

Ⅰ. スタッフの配置

　ミシガン大学ヘルスシステムは、同じ敷地内に、大学病院、クリニック、がんセン ター、小児病院、高齢者クリニックがあり、ソーシャルワーカーによる 11 のチー ムが編成され、入院・外来（クリニック含む）に非常勤も含め、合計 200 名のソー シャルワーカーが配置されていました [3]。

　日本においても近年、入退院支援加算に示された退院支援職員の配置に社会福 祉士（ソーシャルワーカー）を配置する病院や認知症ケア加算などの要件、がん診 療拠点病院などに社会福祉士の配置が明記されており、病棟、診療科、チームな どにソーシャルワーカーを配置している病院も増えてきています。
　ソーシャルワーカーの人数が少ないために、いくつも担当を掛け持ちしている、 という声も聞きます。しかし、患者支援のニーズが高い診療科や病棟にソーシャル ワーカーの担当を置くことは、もれの無い支援を提供するために、また、他職種 との連携の上でも、求められている必要な体制だと思います。

Ⅱ. 配置の例とポイント

前職では、相談支援件数の多い診療科のカンファレンスに参加するソーシャルワーカーの担当を決めていました。

■配置のプロセス

● どのような部署に配置が必要かを検討する
● 組織体制図を作成する
● スタッフの配置を考える
● スタッフ本人の意向も確認する
● 配置を決定する

ソーシャルワーク部門の組織体制の例

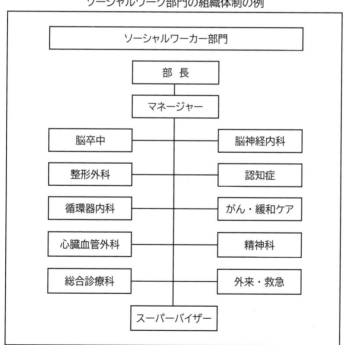

ミシガン大学ヘルスシステムで作成されていた組織体制図を参考として、組織体制図を作成

■配置のポイント

● 患者さんへの制度に関する情報提供が多い診療科・病棟には経験年数の浅いソーシャルワーカーを配置します。複雑・困難ケースが多い診療科は経験年数の長いスタッフを配置することを一つの目安としていました。

● 難易度の高い患者さんはどの病棟にも存在するため、まずは診療科の担当者がスクリーニングを行い、その内容によってケース担当者を決めていく方法としていました。

● ソーシャルワーカーの経験や能力向上のために、毎年、スタッフの希望や評価により、配置換えなどの検討も行いました。

● スタッフが担当配置となると、より深くチームとの関係構築ができ、協働力が向上します。臨床上の課題も発見しやすくなり、そのチーム特有の課題や必要な連携形成につながります。

● このようなチームに配置することの有効性をまとめ、経営幹部に示し、配置の理解と認識を高めることも必要です。

No.10
教育

Q. スタッフの教育・訓練は重要な業務です。
　　あなたの組織ではスタッフ教育はどのように行われているでしょうか？

Ⅰ. スタッフの教育

　ここでは、新人教育とスタッフ教育についてご紹介します。
　（実習生の教育は公開されている実習プログラムがあるため、ここでは掲載しません。）

■新人教育・研修
　新人教育は、スタッフが職場に適応し、仕事を行っていけるように研修を行うことが重要です。そのため、あらかじめ、新人教育・研修プログラムを作成しておくと慌てずに研修や教育を行うことができます。

■米国・カナダの新人研修・教育
　米国の病院では、一歩進んだ教育プログラムが考えられていました。

- 採用時にオリエンテーション・チェックリストをもとに、オリエンテーションが行われている。
- オリエンテーションとトレーニングを組み合わせたプログラムもある。
- プログラムに、新人の評価も組み込まれている。

　ジュディス　ドブロフら（2019）[30]によって論文の中で紹介されている、マウントサイナイヘルスシステムの新人教育プログラムは、参考となるため紹介します。

　このプログラムは、臨床スキルに特化したトレーニングプログラムですが、クライエント理解のために多職種でチェックリストを用いて、患者さんを理解するトレーニングなどは取り入れやすいのではないでしょうか。

マウントサイナイヘルスシステムの新人教育プログラム

> マウントサイナイヘルスシステム　新入職員対象の2週間の研修プログラム
>
> **1　患者さんと家族の体験を中心としたスタッフトレーニング**
>
> 新採用のケアマネジメントスタッフ全員。
>
> チェックリスト方式で情報収集を行うことで、患者さんの物語を聞き、患者さんの視点に合わせることを重視。
>
> 臨床ソーシャルワーカーが中心となり、ベテランスタッフが、現在の役割と専門的経験に基づいて様々な視点から参加し、トレーニングチームを構成する。
>
> 看護師も入り、協力的なチームのアプローチであることを強調する。
>
> 3つの役割にあるスタッフのそれぞれのケースへのアプローチを統合する。
>
> ビデオの視聴と振り返り、グループディスカッションなどの演習を実施。
>
> **2　クリニカル・スキル・ビルディング**
>
> 実際の患者さんの事例を用いて、心理社会的負担（住居、経済的な不安定さ、精神的な問題、薬物乱用、孤立等）が患者さん・家族の健康を不安定にするリスクを高めていることを分析的に探っていく。
>
> これらの障害に対処することがこの仕事の焦点であり、患者さんを取り巻くマクロレベルの構造的な影響を評価する方向にシフトする。
>
> 患者さんのシナリオを通して臨床的解釈を議論し、スタッフの視点を高める。
>
> **3　実践的なスキルアップ**
>
> 患者さんとの最初の関わり方のロールプレイを実施する。
>
> 人と人とのつながりの重要性を示し、バイオサイコソーシャルのアセスメント要素を織り込む。
>
> グループでのベストプラクティスや実際に起こりうる問題点等の話し合い、フィードバック等。
>
> **4　行動変容を促すための戦略**
>
> 動機づけ面接法、アクティブリスニングのスキル・・・半日のワークショップ
>
> 経験豊かなスタッフのシャドーイング、上司とのミーティング・・・1日
>
> ※　<u>3か月間の能力評価、6か月間の試用期間中の評価、パフォーマンス指標の測定が行われる。</u>

Judis Doburof,Sara Passy, Cristin Mujina(2019) による論文において、記述されているマウントサイナイヘルスシステムの新人教育プログラムの内容を原田が一部抜粋し、まとめたもの

ブリティッシュ・コロンビア州のソーシャルワーカーのコンピテンシー[29] では、採用時にコンピテンシーの評価を行います。トレーニングや経験がない場合には、推奨されるトレーニングが紹介されています。

ブリティッシュ・コロンビア州　ソーシャルワーク・コンピテンシーとトレーニング

推奨されるトレーニング		
ソーシャルワークの基礎	患者・家族中心のケア	倫理的枠組み
エンゲージメント	インテークプロセス 優先的介入基準 医療における同意	スクリーニング 児童保護と脆弱な成人
アセスメント	ソーシャルワークアセスメント 子ども、若者、および家族 リスクプロセスの評価とモニタリング	メンタルヘルスと薬物使用 成人虐待とネグレクト
介入	ケアプランの策定 ケアカンファレンスプロセス 教育の提供 支援カウンセリング リスク・安全計画、報告 深刻な病気の会話	ケアコーディネーション メディエーション 目標設定 グループファシリテーション 危機介入 アドバンスケアプランニング
リーダーシップスーパービジョン方針	コミュニケーション 臨床スーパービジョンの提供 方針策定、臨床基準、プロジェクト管理	リーダーシップと組織変革 専門職の成長
研究、評価品質向上	研究	品質改善と評価

Registerd Social Worker Competencies within B.C.Health Care,2022 に示されているコンピテンシーを原田が要約し、一部を表にまとめたもの

　このように、充実したトレーニングがあることに驚かされますが、30分と短い
ものもあり、かつ実践に即した内容であり、参考になります。

　たとえば、インテークプロセス、優先的介入基準などは、スタッフに教えている
ところもあると思いますが、スタッフがケースを担当する前にトレーニングを行うこ
とや虐待やネグレクト、深刻な病気の会話のトレーニングなども、すぐにでも取り
入れたいトレーニングではないでしょうか。

Ⅱ．　新人研修・教育プログラムの作成の例

　新人研修プログラムは、各組織の特殊性や、オリエンテーションと併せて実施さ
れる場合が多いことなどから、各病院で作成していくことになります。

　小松（2017）[31] は、新人研修プログラムの例を紹介し、新人教育における目
標の設定も重要であることを述べています。

　ここでは前職において、スーパーバイザーの協力を得て新人教育プログラムを開
発した例をご紹介します。

　長年、新任スタッフの入職の際に教育を行ってきました。そして採用スタッフが
増えた際には、スーパーバイザーの配置を行うことで、それまでよりも充実した教
育プログラムによる研修・教育を実施できました。

　研修・教育では、オリエンテーション・チェックリストとマニュアルを用いてオリ
エンテーションを行い、担当スタッフや他部署からの説明や見学も取り入れ、スー
パーバイザーによる面接・アセスメント・記録のトレーニングも組み入れました。

　また経験に応じて、教育の内容や業務開始のスケジュールを変更し、その都度
プログラムを作成しました。

新人研修・教育内容とプログラムの作成の例

■新人研修の内容

・オリエンテーション

・様々なソーシャルワークの理解、関連部署との連携、カンファレンスの参加

・教育：面接、アセスメント、記録、依頼の仕組み、スクリーニング

・電話・FAX・電子カルテ・PC操作・業務マネジメント　など

■新人研修プログラムの作成

・目標を決め、プログラムに記入する。

　※（例）1か月目には、電話、FAX、電子カルテの操作、電話とFAXのアシスタントを行える。様々な面接に同席。2か月目には、面接とアセスメント、記録をマスター。経験者、新卒はいつからケースを担当するかを決めておく。

・日々のスケージュールを作成する。

・レポートの作成とフォローアップ面接のスケジュールを記入する。

　※（例）1か月目　週1回レポート＋サポートの面談。2か月目から月1回レポート提出など。

新人研修プログラムの作成の例

第1週			目標：組織とSW部門の取り組みを知る、職場に慣れる。	
○月○日（月）	午前	8:20	出勤 辞令	人事課
		9:00	オリエンテーション 組織	マネージャー
			スタッフ紹介	マネージャー
		10:00	院内見学・システム手続き	SW○○
		11:00	オリエンテーション SW部門	マネージャー
	午後	13:00	院内研修	人事課
		16:00	振り返り・レポート作成	マネージャー
○月○日（火）	午前	8:30	出勤 自己学習	
		9:00	カンファレンス見学	スーパーバイザー
		10:00	オリエンテーション：SWプロセス	スーパーバイザー
		11:00	電子カルテ操作	SW○○
	午後	13:00	電子カルテを読む	SW○○
		14:00	オリエンテーション：院内連携	マネージャー
		15:00	施設見学	マネージャー
		16:00	振り返り・レポート作成	マネージャー
			・ ・ ・	
○月○日（○）	午前	8:30	自己学習・レポート作成	
		9:00	ミーティング参加	マネージャー
		10:00	教育：面接	スーパーバイザー
	午後	13:00	相談室看護師からの説明	看護師○○
		14:00	リハビリ室見学	リハビリ科○○
		15:00	電話・FAX 説明と練習	SW○○
		16:00	振り返り・レポート作成	マネージャー

Ⅲ. スタッフへの教育

米国ではライセンスの更新時に、"継続教育を受けている"ことが要件とされており、継続教育が充実しています。

全米ソーシャルワーカー協会（NASW, 2003）は、ソーシャルワーカーの継続的な専門教育の基準[32] を公表しています。

継続専門教育とは、「ソーシャルワーカーが提供するサービスの質の維持・向上を目標として、各スタッフが自身の学習ニーズを把握・自己管理し、継続教育活動に積極的に参加して得た知識を評価し、実務に応用すること」と示されています。

NASW 継続的な専門教育の基準, 2003
継続教育の内容

個人カウンセリング
心理療法
家族治療
介入方法
グループワーク
コミュニティー組織
アドミニストレーション・マネージメント
スーパービジョン
コンサルテーション
計画・方針立案
教育・教育方法
研究
社会問題
アドボカシー
社会変革
ソーシャルアクション
文化的多様性と倫理
特殊なサービスと治療

NASW (2003) Standards for Continuing Professional education より一部抜粋（原田訳）

Chapter 2

また、継続専門教育の基準に示された学習には、スキルアップのためのセミナー受講の他に、専門会議やシンポジウム参加による学習、さらに、プレゼンテーションの実施やトレーニングの指導役割、論文や執筆活動、研究への参加などのソーシャルワーカーの能力を高めていく活動も含まれています。

　さらに、管理者向けの基準も公表されており、ソーシャルワーク部門内の管理者は個別スタッフの学習ニーズの評価を行い、学習の機会を支援する仕組みを構築する役割が示されています。

NASW　継続的な専門教育の基準，2003 ソーシャルワーカーの基準 個人教育の継続	
・2年間で48時間の継続教育、学習は1指導　60分	
1	公式に開催されるセミナー等での学習 　　セミナー、ワークショップ、トレーニングに参加
2	ソーシャルワーカーのための専門会議等の参加による学習 　　ソーシャルワーカーや関連団体が主催する会議 　　シンポジウム、プレゼンテーションに参加
3	専門的研究活動や成長のための様々な経験 　　論文や執筆、専門誌・書籍の読解 　　プレゼンテーションの実施 　　指導・トレーニングの役割に伴う準備 　　研究・調査への参加

管理者の基準	
基準8	機関方針の実施
	管理者は、継続的な専門教育を支援するための機関の方針を実施する ・SW スタッフ全体の学習ニーズの体系的な年次評価 ・SW スタッフが教育活動に参加するための時間を提供 ・継続教育を希望するスタッフの勤務体制の構築 ・継続教育費用の全額または一部を償還 ・2 年以内 48 時間の修了者の表彰
基準 9	リーダーシップ
	・継続教育に関する部門の担当あるいは委員会を設置し、方針の確立、見直し、スタッフの学習ニーズの評価、スタッフの参加に関する推奨 ・スタッフの教育によって得られた知識やスキルの情報の共有 ・スタッフの参加記録を人事ファイルに記載できるシステムを構築 ・組織ニーズにあったものを提供、参加後には提供物の質に関するフィードバック ・SW スキルを向上させ、行動上の成果を改善するためのトレーニングを特定

NASW（2003）Standards for Continuing Professional education より一部抜粋
（原田訳）

このように、管理者がスタッフの継続教育を実施するために、どのように部門の業務に組み入れ実施するかが示されており、継続教育を大切にしていることがわかります。

■ 米国のコンピテンシーに基づく教育

米国では、ソーシャルワーク教育機関の学士号、修士号の専門職教育のプログラムを認定する機関：ソーシャルワーク教育評議会（CSWE,2022）[33] があり、

認定基準として、コンピテンシーに基づく教育が示されています。

CSWE　ソーシャルワークの9つのコンピテンシー

1：倫理的かつ専門的な行動の実践
2：人権と社会的、人種的、経済的、社会的権利を推進する
3：実践における反人種主義、多様性、公平性、包摂への取り組み
4：実践に基づいた研究に取り組む
5：政策実践への関与
6：個人、家族、グループ、組織と関わる
7：個人、家族、グループ、組織、コミュニティーの評価
8：個人、家族、グループ、組織、コミュニティーに介入する
9：個人、家族、グループ、組織、コミュニティーに対する実践を評価する

CSWE 2022 Educational Policy and Accreditation Standards より抜粋

　CSWE の基準には、「専門家としての判断と行動を導くために、スーパービジョンとコンサルテーションを活用する」ことや「ソーシャルワーカーは、生涯学習の重要性を認識し、適切かつ効果的な実践を確保するために、継続的なスキル更新に努める」ことなども示されています。
　これらのコンピテンシー、すなわちソーシャルワークの9つの実践能力は、私達が何を課題として教育していくかの参考となりますので、覚えておきたいと思います。

Ⅲ. スタッフの教育の例

　日本において、米国やカナダの実践のようにスタッフの継続教育を部門の体制として整えることは、なかなか難しい状況にあるかもしれません。
　しかし日本でも、日本医療ソーシャルワーカー協会[34] などの職能団体で、研修・セミナーや学会が開催され、認定医療ソーシャルワーカーの資格を取得することも推奨されています。
　厚生労働省社会・援護局（2020）[40] は、ソーシャルワーカーの資格の一つで

ある精神保健福祉士（PSW）の継続教育や人材育成の在り方について検討を行い、公表しています。その中で、PSW の資質向上の責務が精神保健福祉士法第 41 条に明記されており、専門職としての責務であること、そのためには、行動特性（コンピテンシー）の明確化やキャリアラダーの必要性も示しています。そして、組織内外で人材育成や研修・自己研鑽の機会を確保することなどが述べられています。

　まずは部門として、そのような継続的な教育の機会を確保するための支援や、スタッフの能力向上への働きかけが必要とされます。

■スタッフの教育のポイント

　スタッフが継続教育を積極的に受けていくためには、スタッフの評価の実施と並行して、学習のニーズを把握することも必要です。

　職場によっては、セミナーの経費や多額の出張費を出すのが難しいことも少なくないと思われます。そのような場合は、他職種が研修・学会参加する際に、どの程度の公費が認められているかを調べて参考にされるとよいと思います。

　もちろん自費でも参加し、自身の能力向上を目指すことを奨励していくことも必要になるでしょう。たとえば、参加したスタッフから報告を聞く機会を設けることなどで、部門全体で能力向上を目指すことが推進されていくと理想的であると思います。

■キャリアラダーの作成

　前職において、スタッフの育成のためにスーパーバイザーにキャリアラダーの開発協力を依頼し、開発[35] した例を紹介します。

キャリアラダー開発の手順
- 日本において他にすぐ使用可能なソーシャルワーカーのラダーのモデルがなく、カデューシンら（2002）[25] が紹介を行っている全米ソーシャルワーカー協会のステップスケールを含む様々な評価の方法や他職種のラダーを参考としました。
- 最初にカデューシンら（2002）の評価の内容に示された項目を反映した評価表を作成する。

● この評価の内容を枠組みとしたラダーをスーパーバイザーとマネージャーの話し合いにより作成する。
● 段階ごとに受けるべき研修も提示する。

　それまでは、ソーシャルワーカーの人数も少なく外部研修も参加できる時に行く状況でしたが、キャリアの段階を示し、その段階に必要な研修も組み入れることで、毎年研修に参加する体制に改善しました。

　スタッフの評価や目標設定時の面接にも用いることで、スタッフからも「目標が明確になった」と評価されました。また、共通ツールとしてマニュアルに掲載することで、スタッフがいつでも見ることができるようにしました。

　なお、作成したキャリアラダーついては、他院へのアンケート調査[36] を行い、使用の可能性等の評価も行いました。
　調査は 2 回（2016、2020）実施しました。
　第1回目は、同機能の15病院に対して実施し、13 病院から回答がありました。
　2回目は、法人グループ内で実施している様々な機能の医療機関・施設の管理者を対象としたキャリアラダーの研修後にアンケート調査を実施し、15 病院から回答を得ました。

　アンケートの結果、キャリアラダーの使用については約7〜8割が「使用の可能性がある」と回答しました。
　また、「病院から評価を求められているが、評価表がない病院」は、約 5 〜 7 割であることもわかりました。
　さらに、「スーパービジョン」、「評価」、「人材育成」の難しさについては、機能が違う病院では、「項目の理解」や「実際の実務との差がある」などの回答があり、評価者への教育・サポートの必要性と、病床機能や規模に応じた業務を反映したキャリアラダーの必要性もあると思われました。

　今日では、精神保健福祉士協会[37] や北海道医療ソーシャルワーカー協会[38] がキャリアラダーを公表していますので参考にされるとよいと思います。

Chapter 2

NTT東日本関東病院　ソーシャルワーカーキャリアラダー

2016/02 作成，2020/03 改訂

ラダー		I	II	III	IV
経験年数		入職～3年未満	10年未満	10年以上	15年以上
到達目標		保健医療のSWとして経験が浅いため、スーパーバイザーや先輩SWの指導教育を受けながらクライエント支援を中心に業務遂行する。所属する組織を理解し、ソーシャルワークを根拠持って示すことができるようになる段階。	経験3年以上であり、保健医療ソーシャルワーク実践をひとりで遂行できる。価値倫理に基づいた実践力を担保し、ミクロレベルのSW業務は、自身で判断し遂行できる。新人教育・実習生教育を行うことができる。組織の中でソーシャルワークを発信することができる。	認定医療社会福祉士の取得を基本とし、部門内部のソーシャルワーカーに対する指導的役割を実践できる。また組織内外のメゾレベルの関係構築力が備わっていることで、地域と組織を繋ぐ働きかけを実施できる。	卓越した実践能力を有するレベル。論理的に専門職としてのSWを発信することができ、部門だけにとどまらず組織全体への発信。また職能団体含めたマクロレベルのソーシャルワーク実践にかかわることができ、リーダーシップをとることができる。
評価表	Kadushin & Harkness 評価枠組	評価が概ね4	評価が概ね3	評価が概ね2	評価が概ね1
SWミクロの実践力	1-A エンゲージメント能力 1-B 面接の準備を自ら行える 1-C 価値倫理遵守	クライエントシステムを理解し、面接に対する準備を意識して行うことができる。支援する目的を理解し倫理綱領を意識した面接に臨むことができる。	面接の知識と技術については、単独で実践する力を有している。自身の能力や困難性の高い事例を判別し、複数評価やスーパービジョンを受けて実践を行える。	面接技術のスーパービジョンができる。積極的来談者だけではなく、相談ニーズのない、抵抗、対立、複雑な状況等の困難事例に対する面接の設定を実施することができる。	面接技術のスーパービジョンができる。講義・演習を実施することができる。
	2-A 情報収集能力 2-B アセスメント力 2-C インターベンション 2-D 面接技術 2-E 記録技術	ソーシャルワークプロセスを意識した面接を行うことができ、各技術の実践力を向上させるために振り返り指導を受ける。	依頼がなくても、様々な状況・場面において、情報を統合し、SW介入の要否を見極められ、介入できる。	困難性の高い事例や他業種や地域と意見が異なる状況であっても、分析、アセスメントができ、調和的なケースマネジメントができる。	
組織内外実践力	3. 組織管理の態度	組織の理念を理解し、組織人としてのルールを守る行動がとれる。	SWの発展に向けて、前向きに取り組むことに関心があり、他職種に対しても理解が進むよう遂行できる。	組織の中で、業務開発や課題解決に向けて、多職種と協働して積極的に取り組むことができる。	病院幹部等の組織の中で、SW部門のリーダーとして、SW部門が発展するための意見を発信する役割が遂行できる。
	5. メゾレベルの院内関係構築	他職種を理解する姿勢を持ち、良好なコミュニケーションが取れるために日々努力をすることができる。	他職種との協調性を意識した立場をとり、他職種からの依頼に対し適切な対応が取れるための組織アセスメントができる。	学際的チームの中でSWの専門的見解を発信することができる。	複数の部門を超えて、専門的コミュニケーションが組織の中でできる。
	6. メゾレベルの地域連携	地域関係機関の現状を把握し、情報収集に努め、自身の組織との関係性を理解できる。	地域との関係を意識し、会議への参加、訪問などの役割を積極的にこなすことができる。	SW部門の地域活動の方向性を把握し、必要に応じた連携指示・教育できる。	地域アセスメントの能力にたけ、政策動向にもとづいた連携における意見発信できる。
	7. 業務マネジメント	指示に従い業務時間内に与えられた業務が終了できる。	突発的な事案であっても、業務の優先順位を判断し、記録等を時間内に終了できる業務管理ができる。また、自身の役割課題を期間内に遂行できる。	部下の手本になる業務遂行態度を示すことができ、就業態度においても組織内外より安定した評価を得ることができる。データに基づく業務分析ができる。	指導的立場でSW業務全体をマネジメントし、組織に対する説明責任を有する。また業務実績を組織に対し発信できる力量を持つ。
自己研鑽・研究能力	4. スーパービジョン	スーパーバイジーの経験をする段階であり、スーパービジョンを受ける課題を意識する。	スーパービジョンを受けることができており、教育的支持を前向きに受け入れ、実践に取り込み、能力を向上させている。	スーパーバイザーとして登録し職場内の教育的管理のスーパービジョンを実施できる。実習指導者を指導できる。	スーパーバイザーとして部門内外の要求に応じ実施できる。部門内のスーパーバイザー育成において貢献できる。
	8. 自己研鑽・教育	自身の研修課題を指導の下に見つけ専門綱領をラダーを意識する。研修参加をまとめ報告することや、院内発表に取り組む。	研究テーマを持ち、学会発表ができる。新人教育に参加できる。実習生の指導を計画し、教育できる。	組織内及び組織外研修講師の役割を引き受けることができる。新人教育・他職種への研修など院内の教育的役割を担う。研究テーマを持ち、データ分析によるより望ましい支援方法を導き出すなどができ、発表できる。	教育研修の講師役であり、専門領域の執筆・研究発表など院外発表できる。職能団体において、マクロの活動を行っている。

研修ラダー

		ラダー1	ラダーII	ラダーIII	ラダーIV
外部研修	必ず履修すべき研修	フレッシュマンMSW研修 基幹研修I 面接を整えるI 記録の研修	基幹研修II メゾレベルのSW 研究発表セミナー 実習指導者養成研修	リーダーシップ研修 スーパーバイザー養成	
	自己研鑽として取得すべき研修	都協会新人研修 退院支援研修 アセスメント研修 事例検討 SFA研修 認知症高齢者へのSW支援 交通事故被害者生活支援研修	記録に生かすアセスメント 面接を整えるII がん相談支援員研修 法律知識の理論と実際 SWにおける就労支援 ライフモデルなど理論研修	人生最終段階における意思決定支援 研修講師のためのセミナー 保健医療SW専門研修 SWとコミュニティデザイン SWにおける臨床倫理 学会認定研修	最新の知見を学習すべき研修
取得資格		社会福祉士 精神保健福祉士	認定医療社会福祉士 認定社会福祉士（医療分野）	認定医療社会福祉士更新	

Kadushin & Harkness（2002）の評価の枠組みを元に、佐原・原田が作成したもの（2015）

Chapter 3
スーパービジョンと業務の調整

No.11
スーパービジョン

Q. 今日、多くのスーパービジョンの本が出され、研修もあり、必要性の認識は広がってきていますが、スーパービジョンの実施は難しいという声も少なくありません。あなたの職場ではスーパービジョンは行われているでしょうか？

Ⅰ. スーパービジョン

　職場内でスーパービジョン体制を整備することについては、社会保障審議会福祉部会（2018）[39] で検討された「ソーシャルワーカー専門職である社会福祉士に求められる役割等について」の報告書や、厚生労働省社会・援護局（2020）[40] において行われた「精神保健福祉士資格取得後の継続教育や人材育成の在り方について」の報告書においても、職場内・外でスーパービジョンを活用することが明記されています。

　一方、スーパービジョン体制の構築について、田中（2017）[41] が日本での現状をふまえて、カデューシンら（2009）[13] の管理的スーパーバイザーの職務をもとに、組織の中でスーパービジョン体制を構築するポイントやその難しさについて述べています。

　福山、渡部、小原、ほか（2018）[42] によるスーパービジョンの文献や、最近出された保正、浅野、市原ほか（2023）[43] による業務マネジメントのガイドにおいても、スーパービジョンの導入例が報告されるなど、スーパービジョンを導入する病院が少しずつ増えてきているようです。しかし、あいかわらずスーパービジョンは、難しい病院があるのも実情です。

　そこで本書では、主としてスーパービジョン体制の構築について紹介していきます。

　米国では、ライセンス取得の要件としてスーパービジョンを受けることが挙げられています。NASW のヘルスケアにおけるソーシャルワークの基準にもスーパービジョンが明記されています。

　実際の臨床現場のミシガン大学ヘルスシステムやニューヨークプレスビテリアン病院のマニュアルや職務記述書にも、スーパービジョンを受けることが明記され、大切な業務としてスーパービジョンが行われています。

　その内容については、様々な方法で行われていることがカデューシンら（2002, 2009）[25.13] のスーパービジョンの本にも書かれています。

　クールシェッドら（2006）[6] は、「成長できる（職員を成長させ、昇進させる）組織は、人員採用問題を最小化し、サービス水準を向上させていく。そして管理者は、スーパービジョンの方法に関するトレーニングとスーパービジョンを組織戦略に結びつける支援が必要であることを適正に要請できるようになる」ことを述べています。

　まずは、自組織において、上長へスーパービジョン体制の構築について相談ができるようになることが必要なステップと言えます。

　次に、具体的にスーパービジョンを行っていくためには何をしたら良いのでしょうか？

　グローバル・ソーシャル・サービス・ワークフォース・アライアンス（2020）[44] は、スーパービジョン・インタレスト・グループを設立し、スーパービジョンの強化のガイダンス・マニュアルを作成しました。

　その設立の意図として、「スーパービジョンの重要性は知られているものの、様々な理由からその実態は依然として困難である」と述べ、世界でスーパービジョンの機能が強化できるように、具体的な推奨事項や事例や文献などから、質の高いスーパービジョンの要素を紹介しています。

　その中から、スタッフを強化するための3つのフレームワークを紹介します。

Chapter 3

ソーシャルサービス・スタッフの強化のためのフレームワーク

1 スタッフの 計画	● 人材計画への戦略的アプローチ ● 人事データの収集と共有、データに基づく意思決定の推進 ● 募集・採用・配属、システムの改善 ● ステークホルダー間のリーダーシップとアドボカシーを強化するための協定構築
2 スタッフへ のサポート	● パフォーマンスの改善、維持するためのシステム開発、強化 ● ツール、リソース開発。働きがい・定着率向上に向けた取り組み ● 専門家集団の強化に向けた取り組みを支援。専門的成長・発展
3 スタッフの 成長支援	● 教育・訓練 ● ベストプラクティスをカリキュラムに入れる ● スタッフの専門能力開発の機会の提供

Global Social Service Workfouce Alliance（2020）GUIDANCE MANUAL ON Strengthening Supervision for the Social Service Workforce から抜粋し、原田が訳し、資料にまとめたもの

　このようにスーパービジョンを行っていくためには、スタッフの人材計画やシステムの改善、スタッフのパフォーマンスの改善、そのための仕組みの開発、専門職としてのスタッフへの教育と支援が必要とされます。

■マウントサイナイヘルスシステムのスーパービジョン

　それでは、具体的なスーパービジョンの例もご紹介します。

　マウントサイナイヘルスシステムのドブロフら（2019）[30] は、論文の中でスーパービジョンの内容を掲載しています。

● スーパーバイザーを配置し、個別スーパービジョンを実施
● ライセンスのあるソーシャルワーカーが、ライセンス取得前のソーシャルワーカーのスーパービジョンを実施
● スーパーバイザー会議も実施
● コンピテンシー評価やキャリアラダーによるガイドを作成
● 臨床品質会議を開催

マウントサイナイヘルスシステムのスーパービジョン

1 臨床指導者としてのスーパーバイザー

ケアマネジメントにおける「臨床」を維持するためには、新人スタッフのトレーニングだけでなく、模範的な継続的なスーパービジョン（SV）が必要

SV は、複雑な心理的ニーズを持つ患者や家族にスタッフが効果的にかかわることを保証する

7つの病院、ケアマネジメントリーダーシップに 18 人のスーパーバイザー、15:1

MSW と BSW のケアコーディネーターは、ライセンスを持つ臨床ソーシャルワーカーによる個人とグループの SV を受ける

スーパーバイザーは、ディレクターと定期的に個別の SV を行い、スタッフの管理、組織の要求、ヘルスケアプログラムの開発などについて話し合う

シニアディレクターが中心となり、月 1 回スーパーバイザー会議を開催

リーダーは、コンピテンシー評価、キャリアラダーによるガイドを作成

2 「クリニカル・クオリティ（臨床品質）レビュー会議」を開催

毎月開催

スーパーバイザーが品質・コンプライアンス、文書化、成果の基準やハイリスク患者の臨床的ニーズの見落としやバランスをとりやすくするために実施

スタッフは、記録に基づいてレポート作成

スーパーバイザーは意図的に臨床的なレビューを行う

　例：主に電話で対応した場合、その患者がサービスを受ける準備ができているかどうか

スタッフが患者さんのニーズのレベルを正確に把握していないと考えた場合、臨床像がどのように乖離しているか、それが今後の患者さんのケアプランにどのように役立つかに焦点をあてて話し合う

Judith Dobrof, Sarah Bussey , Kristin Muzina(2019) Thriving in today's health care environment: strategies for social work leadership in population health より抜粋し、原田が訳し、表にまとめたもの

Chapter 3

マウントサイナイヘルスシステムのスーパービジョンや、臨床品質レビュー会議から、スタッフへのスーパービジョンと、スーパーバイザーも支援する仕組みも整える必要性を学ぶことができます。

ドブロフらは、スタッフが、臨床的にも専門的にも成長させるためのスキルと経験を持ったスーパーバイザーやマネージャーのことを、患者の支援を担う時に助けてくれる人と認識すること、そして、サポートされていると感じることが大切であると述べています。

Ⅱ. スーパービジョン体制の構築の実際

日本では職場内に、米国のようにスーパービジョンも行えるシニアレベルのソーシャルワーカーがいなかったり、マネージャーもスーパービジョンを行う余裕がないなどの病院も多々あると思います。

私の職場においても、スタッフによるピアスーパービジョンや、マネージャーが困難ケースの相談にのるという方法でスーパービジョンを行っていた時期もありました。

しかしマネージャーの役割が増え、スーパービジョンも充分にできずに限界を感じたことから、上司へスーパーバイザーの新規雇用について相談しました。

その結果、スーパーバイザー（非常勤）の採用が認められ、新たなスーパービジョン体制を構築した経験があります。

スーパーバイザー着任後は、現状の相談から開始し、スーパービジョン体制を構築していきました。

スーパーバイザーには個別スーパービジョンに加え、キャリアラダーの開発、評価、新人教育プログラムの作成などの協力も依頼することで、様々な開発や、部門全体の質向上、充実したスタッフの教育・サポート体制の構築も行うことができました。

このスーパービジョン構築について、スタッフへの調査および評価を行った結果、スタッフの能力が向上していたこと、バーンアウトの予防的効果があったなどの有効性も確認[45]されました。

スーパービジョン体制の構築プロセス

1 スーパービジョン体制の評価

2 スーパーバイザー雇用の相談

3 スーパーバイザーの雇用

4 スーパーバイザーへの現状・課題の相談

5 スーパービジョンの方法・内容の決定と開始

6 教育・スーパービジョンに関連したツールの開発

7 スーパービジョンの評価

8 スーパービジョン体制の変更

Chapter 3

スーパーバイザーへの主な協力依頼

● 個別スーパービジョン

● 勉強会・事例検討会

● 新規ケースのカンファレンス

● スタッフの評価表の改定と評価

● キャリアラダーの開発

● マニュアルの作成

● 新人教育

● 採用面接・選考 など

スーパービジョン体制の変更の例

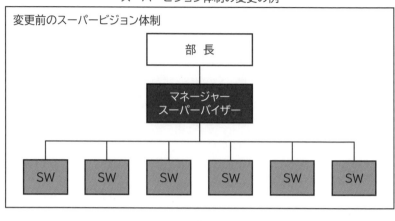

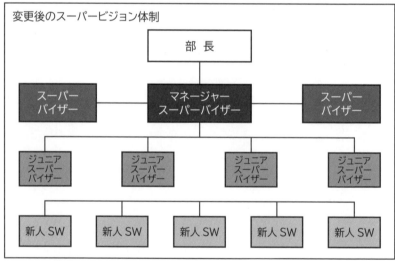

※スタッフの増員により、スーパーバイザー(非常勤週1〜2日)も増員、スーパーバイザーは2チームに分かれてスタッフを担当、中堅スタッフがジュニアスーパーバイザーとなり、新人ソーシャルワーカーをサポートする体制に変更した。

■スーパービジョンの導入とスーパーバイザーの研修

　米国では、全米ソーシャルワーカー協会（2013）が「ソーシャルワークスーパービジョンのベストプラクティス基準」[46] を公表しています。

　その内容には、スーパービジョンの内容と実施に関する基準や、法的および規制の問題、倫理的な問題の基準なども示されています。

　スーパービジョンの導入が先行している米国では、スーパーバイザーは、資格、法的な規制、責任などについても示されており、職場内で行われるスーパービジョンの方法なども参考となります。

　日本においても、日本医療ソーシャルワーカー協会[34] が、スーパーバイザー養成認定研修を行っており、認定社会福祉士認証・認定機構によるスーパーバイザー登録推進研修もあります。

　これからスーパーバイザーになる方は、研修を受けてスーパービジョンを行うことが必要です。また、スーパービジョンは高度な能力が必要とされますので、専門書による学びもお勧めします。

　いかがでしたでしょうか？スーパービジョンの導入はいろいろな方法があります。

　多くの職場において、より充実したスーパービジョンが展開されることを期待しています。

Chapter 3

No.12
モニタリング

Q. スタッフのモニタリングとは、スタッフが担当しているケースや業務が適切に行われているかどうかを確認する業務です。
さて、モニタリングはどのように行われているでしょうか？

Ⅰ. モニタリングの必要性

　カデューシンら（2009）[13] は、「スーパーバイザーは、スタッフに委託したケースの支援が決められた時間内で行われているか、機関の手続きの方法で適切に行われているかをモニタリングする責任がある」と述べています。

　モニタリングは様々な方法があります。スーパービジョンで掲載した、マウントサイナイ病院のスーパービジョンで行われている「臨床品質レビュー会議」[30] は、ケースの支援の質を評価するカンファレンスですが、ここでレビューすることによって、同時にモニタリングも行われます。
　ケースカンファレンスでは、単に支援の確認だけでなく、より望ましい方法を見出したり、スタッフが困難な状況にあるかどうか、スーパービジョンが必要かなども発見できるというメリットがあります。
　この方法は他職種のカンファレンスでもよく行われている方法であり、複数で評価を行い検討することで、より最善の治療やケアを提供することにつながります。

　ニューヨークプレスビテリアン病院では監査シートを作成し、ソーシャルワーカーのパフォーマンスの評価が行われていました[3]。この評価項目がモニタリングする視点として参考になりますので紹介します。

ニューヨークプレスビテリアン病院の監査シートによる評価

患者さんの支援プロセスの評価項目

① スクリーニング

② アセスメント

③ 患者さんとのコミュニケーション

④ 家族への説明

⑤ 退院・転院の検討と判断

⑥ 患者さんの地域やニーズにあった支援機関や施設の情報

⑦ 記録

※上記のプロセスにおいて、適切なパフォーマンスかを点検・評価する。

ニューヨークプレスビテリアン病院の総合監査表を元に原田が作成

この監査シートをみると、「ここまでの評価は難しい」と思う方も多いと思います。

しかしながら、新人のソーシャルワーカーがどのようなプロセスで支援提供しているかを確認することは日常的業務です。その際に、このツールの項目を確認することで評価を行うことができます。

または、年に1度ランダムにケースを選んで、上記の評価を行ってみる方法もあります。

Ⅱ. モニタリングの実際

私自身も、新規のケースのカンファレンスで、スタッフが難しいケースを担当していることが報告されて気になることも時々ありました。しかしその後、どのように対応したのかを確認することができないことも多々ありました。

そこで、この問題を解決するためにいくつかのモニタリングの方法を取り入れました。

様々なモニタリングの方法の例

- 新規ケースカンファレンス（週1回）でのモニタリング

  スタッフが対応した新規のケースを報告し、スーパーバイザーと他のスタッフがアセスメントや支援方法を共に考えるカンファレンスを行う。その際に、モニタリングが行われる。

- ケースの進捗のモニタリング

  経験年数の少ないスタッフと先輩がペアになり、現在受け持っているケースの進捗をスタッフが報告し、先輩が助言を行う。その際に、モニタリングを実施する。このモニタリングによって、経験年数の少ないソーシャルワーカーが１人で対応で可能か、上長に報告すべきケースかどうかも判断する。

- スーパービジョンにおけるモニタリング

  スーパーバイザーがスタッフから支援の相談を受けた時に、ケースの記録からモニタリングを行う。

- 業務のモニタリング

  マネージャーが定期的なミーティングで業務の進捗を確認したり、スタッフとの面談時にモニタリングを行う。

このように、モニタリングはソーシャルワーカーのサポートやスーパービジョン、評価とも関連する業務です。

少しずつでも、業務に取り入れることを目指していきたいものです。それがケースにとっての支援の質の向上になり、スタッフの能力向上のポイントを見出すことにもつながるからです。

Chapter 3

No.13
トラブル対応・業務の調整

Q. ソーシャルワーク部門内では、トラブルが起きた時のための
体制作りも必要です。あなたの組織では、トラブルが起きた時
どのように対応されているでしょうか？
また様々な状況で、スタッフの業務の調整を行うことが必要な
ことも生じます。どのような時に業務の調整をされているでしょ
うか？

Ⅰ．トラブル時の対応と業務の調整の必要性

　カデューシンら（2009）[13] は、管理的スーパーバイザーの職務の一つに「管理運営の緩衝役割」を述べています。

　管理的スーパーバイザーは、クライエントが担当スタッフに不満を訴えた場合などに間に入り、その緩衝を行います。

　また米国の医療機関の職務記述書にも、「トラブルが生じた時には、シニアソーシャルワーカーやマネージャーが対応をする」と明記されています。

　病院には様々な困難を抱えたクライエントがいますし、時にはスタッフの対応に不満をいだくこともあります。また、他職種からクレームを言われることもあるかもしれません。

　他職種からのクレームの対策としては、他職種からは、ソーシャルワーカーの部門内のスタッフの忙しさや困難さはわかりにくいこともあります。そのため日頃から、他職種に理解を得られるようにコミュニケーションをとる、記録に書く、関係構築しておくなどの方法が必要です。

　スタッフ個人の担当するケース数が多かったり、疲労等の状況により、間違いが生じることも考えられます。そのような時にも、部門内で迅速に対応できるよう、あらかじめ、対処方法を決めておくことが必要です。

　クレームは、院内での組織的な対応を要する場合もあり、上長やクレーム担当などと連携して対応します。

■トラブルを回避するための労働環境とスタッフのケアの重要性

　トラブルが生じてしまう要因は様々ですが、スタッフの力量以上のケースの担当、サポート不足、そして疲労などの状況が、トラブルやケアレスミスの要因の場合もあります。

　クールシェッドら（2006）[6] は、トラブル対策だけでなくスタッフへのケアとして、スタッフのストレスを察知し、スーパービジョンを含む、ストレスに対処できる職場の文化を創ることの重要性を述べています。

- ● ストレスの性格の把握
- ● ストレスの緩和方法
- ● ストレスマネジメント
- ● 時間管理　など

　英国ソーシャルワーカー協会とソーシャルワーカーユニオン、バース・スパ大学（2020）[28] は、ソーシャルワーカーのウェルビーイングと労働のコンディションのためのグッドプラクティスのツールキットを開発しています。

　そのツールキットはいくつかのエビデンスに基づいて作成され、その一つに英国安全衛生庁（2004）が発表した「労働条件や職場のストレスに影響を与える7つの要因の管理基準」も紹介されています。

　これは、私達にも参考となると思われましたので紹介します。

Chapter 3

英国安全衛生庁（2004）による労働条件や職場のストレスに影響を与える
7つの要因

> 労働条件、役割、要求事項、変更、人間関係、
> ピアサポート、マネージャーサポートコントロール

● 上記の7つがそれぞれ維持されて、最適なレベルで機能していれば、
  スタッフは生き生きと働くことができる。
● これらの一つ以上に、良くない習慣や不均衡があると、労働条件が悪く
  なり、他のスタッフの成果、スタッフの健康やウェルビーイング、離職率、
  病気欠勤に影響を及ぼす。
  （Mackey et.al.,2004,Ravaliaer,2019）

　このツールキットには、ソーシャルワーカーの実践、スーパーバイザーとリーダー、
チームとチームワーク、管理者と組織的リーダー等へのツールが示されています。
　その中で、「ソーシャルワークは、日々新たな課題を投げかけ、実践者に新たな
要求が求められる。感情的、知的、実践的な労働、そして決断と責任の性質は、ソー
シャルワーカーが素晴らしい仕事を維持していくためには、特別な種類の対人関係
や専門的な回復力（レジリエンス）を必要とする」と述べられています。

　英国では、実践者のレジリエンスが注目されており、「レジリエンスは、個人の対
処戦略、自己啓発、セルフケアと人々が働く状況（職場での要求、期待、扱い方、
サポート方法）の相互作用によって、生じるものと理解されている。」と述べられ
ており、スタッフのトラブルを予防するためには、スタッフへのサポートやケア、働
く環境を整えていくことの重要性を示唆しています。

Ⅱ. トラブル対応と業務の調整の実際

　スタッフがケースの対応や支援における過程において、残念ながらトラブルが生
じることがあります。このトラブルが生じた時の対応を考えておく必要があります。

想定されるトラブルと対応の例

A）クライエントが怒り出し、対応が困難になった。

B）クライエントからソーシャルワーカーへクレームを言われた。

C）クライエントから医師や他職種のクレームを聞いた。

D）医師や他職種からソーシャルワーカーへのクレームを言われた。

E）FAX を誤送信してしまい、インシデントを起こしてしまった。

● A、B、Dは、スタッフは上長であるマネージャーに速やかに報告し、指示を求め、マネージャーが適切な方法を助言し、状況によってマネージャーが対応する。

● CやEは、院内にフローがあれば、それをスタッフへ周知し、フローにそって対応する。

■業務の調整

　マネージャーは、スタッフのケースやモニタリング、報連相によって業務の進捗状況を確認し、必要と判断した場合に業務の調整を行います。

　特に、ケース対応が難しくなったり、体調不良時などの時には早急にケースの対応の判断が必要なため、あらかじめスタッフ同士で業務をカバーできる体制を考えておくことも重要です。

業務の調整の例

1　ケースの対応が難しくなった場合、状況に応じて担当者を変更する。あるいは複数で関わる。もしくはマネージャーがサポートする。

2　トラブルが生じた時には、そのトラブルとその後の対応による変化により、担当者を変更する。あるいは複数で関わる。

3　スタッフのケース数や業務量が過多と判断された場合には、ケース量や担当業務を減らし、他のスタッフに委託する。

4　スタッフの急病で不在となった場合、速やかに担当を変更する。あるいは、カバーする人を決める。

5　スタッフが休職あるいは退職となった場合、担当を変更する。

■トラブル時の調整のポイントとスタッフのケア

● トラブルが生じた時には、トラブル時の対応を行い、その後のスタッフの心理面も考慮して、担当を変更するかどうかを判断します。

● スタッフへは、トラブル時には上長がサポートや調整することを伝えておくと、スタッフの安心感にもつながります。

● マネージャーは、スタッフがストレスの大きい難易度の高いケースを多く受け持っていないかをモニタリングすることも重要です。

● ストレスフルな仕事は、バーンアウトの危険性もあり、そのような状況にないかを確認し、負荷が高い場合には業務の調整を行うことが必要です。

　実際にトラブルが生じた時の対応と並行して、日頃から、ストレスフルな仕事に対応できるようになるためのスタッフへのスーパービジョンやサポート、育成が必要です。
　このような対応をしておくことで、結果として、スタッフの心理的負担を軽減したり、上長へ相談しやすくなり、スタッフ自身のトラブル時の対処能力向上やミス等の回避にも繋がるのではないでしょうか。

Chapter 4
業務と質の評価

No.14
評価

Q. ソーシャルワーカー部門あるいは組織において、質の保たれた支援
を提供していくためには、部門の評価とスタッフの評価が必要です。
あなたの組織では、評価はどのようにされているでしょうか？

Ⅰ.スタッフ評価

スタッフの評価は、「クライエントへの支援の評価」と「担当している業務の評価」
が必要です。評価の提出を組織から求められ、悩みながら評価を行っているマネー
ジャーも少なくないのではないでしょうか。

■評価の内容

カデューシンら（2002）[25] は、ソーシャルワーカーの評価内容の領域として、8
つの能力を示しています。その内容は、ミクロレベルのソーシャルワークのスキル
だけではなく、スタッフや地域との関係のメゾレベル、組織管理、スーパービジョ
ンの活用や業務マネジメントなども含まれています。

評価内容は、アイルランドの全国ヘッドメディカル・ソーシャルワーカーフォーラ
ム（2014）[9] が、職位別のソーシャルワーカーのコンピテンシーを示しており、参
考になります。
アイルランドの職位別のコンピテンシーは、No.5「職務分担」でも職位別の職
務を紹介しています。ソーシャルワーカーのコンピテンシー（能力）は、段階があり、
その段階ごとのコンピテンシーを活用して職務を遂行するための指標も提示されて
います。

　そして、そのコンピテンシーが高いレベルに達すると、次の段階になることが示されています。

　これらのコンピテンシーやパフォーマンスの指標をみると、かなり高いレベルが求められていると思いますが、ソーシャルワーカーが高めていくべき能力のモデルとして参考になるのではないでしょうか。

Chapter 4

カデューシンとハークネス（2002）による評価内容の領域

Ⅰ　クライエントシステムと意味ある効果的で適切な関係を構築する能力

A　クライエントに対する適切なワーカーの行動が態度として現れている
　　役に立つことに対する関心と気持ち
　　クライエントへの尊敬、共感的理解、非審判的な受容的態度
　　偏見を持たず、個別化してクライエントをみることができる
　　自己決定の尊重、暖かさと関心

B　クライエントのために目的と学問を用いる自身の関係
　　客観的かつ十分訓練された形で、自分自身を使えること

C　クライエントとの対応における専門的な価値と倫理の遵守
　　専門職としての価値と倫理を、クライエントとの関係において受け入れる

Ⅱ　ソーシャルワークプロセス―知識と技術

A　データ収集の技術
　　心理社会的・文化的な要因を識別し、区別する力
　　面接以外にも必要な情報を収集する力

B　診断的技術
　　心理、人間関係、環境の要因間の関係性を理解すること
　　人間行動と社会システムに関する知識を効果的に応用する力：アセスメントを文章化する力

C　介入の技術
　　事実（社会診断）から導き出された理解をもとに、クライエントのおかれている状況の改善を目指した行動プログラムを計画し、実施する力
　　環境の改善、必要な支援、明確化、洞察、アドボカシー、仲介者、ソーシャルアクションなどの介入法が使えること
　　介入時期と方法をクライエントにあったものにできること

D 面接の技術

クライエントとともに「明確な面接の目的」を導き出す力

目的達成のために面接で焦点を維持し続ける力

クライエントのリードに従いながらも、適切な方向性やコントロールを提供し、融通性と責任感の間のよいバランスを維持する力

クライエントが事実と感情の両方を語ってくれるように威嚇せずに支援していく力

E 記録の技術

記録を弁別的、選択的、正確、簡潔にする能力

記録はソーシャルワーカーの思考と感覚を対話させ、整理する能力を表す

記録は、識別的、選択的であり、精密、簡潔である

Ⅲ 組織管理の適応 - 目的、指針、手順

所属組織の目的、方針、手順についての知識、コミットメント、識別

組織の方針と手順の制限の範囲内で業務を遂行する能力

想像力豊かに組織の方針・手順をクライエント支援に用いること

改善が必要な方針や手順については、規律正しく変革に向けて取り組む責任をもつこと

Ⅳ スーパービジョンの関係と活用

A 管理的な局面

定期カンファレンスに出席する場合の会議準備は、日常的に迅速に行う

スーパーバイザーに、会議準備に必要な適切な資料を供給する

B 個人的な局面

過度の依存ではなく、スーパーバイザーの助言を自由に要求、活用する

スーパービジョンと教育を卑屈にならずに受け入れる

スーパーバイズの権威に対する前向きな方向づけ

能動的かつ適切なスーパービジョンへの参加

コンサルテーションが必要なとき、スーパービジョンを適切に活用する方法を認識する

Ⅴ スタッフや地域との関係形成

組織のスタッフとあらゆるレベルで調和的で効果的な関係を構築する

同僚と同類の訓練から前向きな関係を発展させる

他の専門職の組織や地域関係者に建設的な説明をする

地域の資源に関連する良い知識を持っている

Ⅵ 仕事の要求と仕事量のマネジメント

業務量を、日常的に適性にこなす

規定の時間内に業務計画をたて、管理する能力を示す

選択的に有効な優先順位をつけ、それに従って業務スケジュールを作成する能力を示す

記録を迅速に書き、統計的レポート、日程表、支援レポートなどを作成する

欠席や遅刻は理にかなった場合のみ、最小限にする

生産性は、同様の責任と同等の経験をもつワーカーに期待されるレベルに達している

Ⅶ 専門職に関連する特性と行動

自分自身の限界の現実的で批判的なアセスメントができること

適切なレベルの自己覚知と自己評価の能力

融通性と協調性、仕事に対する熱意と信念

専門的価値と倫理に従って行動できる力

専門職としての成長を継続する努力をすること

Ⅷ 文化的関係の評価

最新の文化的な関係の評価を、評価のアウトラインに加えている

評価はスーパーバイジーが自身の文化的価値やバイアスに気づいているかの程度を含む

価値や態度、倫理や特性の集団の行動の違いを受け止め、知り、理解すること

文化的な様々なクライエントのニーズのために、文化的に近づく手段を講じる

A. Kadushin, D. Harkness(2002) Supervision in Socialwork 4th Edition より原田が抜粋し、翻訳、表にまとめたもの

Chapter 4

アイルランド全国ヘッドメディカル・ソーシャルワーカーフォーラム（2014）
医療現場におけるソーシャルワークのコンピテンシー・フレームワーク

メイングレード・ソーシャルワーカー　臨床コンピテンシー
1　医療現場における SW の役割と義務を理解し、実践することができる
2　すべての作業をサポートするために、利用可能な理論的証拠を使用する
3　自分の知識と経験のレベルに合ったケースの量を管理することができる
4　担当ケースに関連する法律やベストプラクティス・ガイドラインに精通している
5　クライエントを擁護し、パートナーシップを構築する
6　リスクマネジメントが SW の役割の不可欠な部分であることを充分に理解している
7　ソーシャルワークの価値を認識し、理解している
8　複雑なケースや状況を認識し、適切に対応して、SW チームの上級のメンバーに指導やサポートを求める
9　学際的なアプローチを理解し、それに参加する
10 定期的なスーパービジョンの重要性と必要性を認識する
11 ソーシャルワークチームのミーティング、ジャーナルクラブ、専門的な開発ワークショップなどに積極的に参加
12 必要なトレーニングに参加し、継続的なトレーニングの必要性を認識し、上司と相談しながら必要なトレーニングを実施
13 必要に応じて、部門が他部門／他機関に提供するトレーニングに参加する

シニア・ソーシャルワーク・プラクティショナー　臨床コンピテンシー
1　メイングレードの指標において、高いレベルのコンピテンシーを達成している
2　実践教育についての知識と経験がある
3　病院内での複雑なチームワークについての知識と理解を有する
4　複雑なケース量を管理でき、臨床業務において高い能力を発揮できる
5　ソーシャルワークの最新の問題に精通している
6　プロジェクトマネジメントおよびプロジェクト開発（導入など）のスキルと経験を証明できること
7　同僚に情報を提供し、サポートする能力がある
8　ソーシャルワークの役割と個人のソーシャルワーク実践の評価・査定は、役割に不可欠と考えている
9　研究、エビデンスに基づく実践、監査を利用して、実践をモニターし、改善する

チームリーダー / シニアソーシャルワーカー　臨床コンピテンシー

1 シニア・ソーシャルワーク・プラクティショナーの指標、および関連する側面において、高いレベルの能力を達成している

2 ヘッドメディカルソーシャルワーカーの指示の元、ソーシャルワーク部門や病院内で発生するスタッフや問題を管理する能力を発揮できる

3 スタッフにスーパービジョンを提供する

4 チームや組織の力学について、充分な知識を持っている

5 ソーシャルワークチーム内で仕事やプロジェクトを開始し、管理するスキルを有する

6 エージェンシーの設定に適した高度な臨床スキルと知識を有している

7 ソーシャルワーク実践に関連する統治機関と適切な法律（メイングレードのコンピテンシーに列挙されている法律など）に十分な知識を有している

8 他の SW、学生、その他の専門家を教育できる

9 他の SW のパフォーマンスを公正かつ正確に評価する能力を有している

ヘッド・メディカル・ソーシャルワーカー　臨床コンピテンシー

1 すべてのプロフェッショナル・ソーシャルワーク・グレードに関連するスキルにおいて、高いレベルの能力

2 リソースを計画・管理する能力を示し、スタッフが不足している期間に管理するための適切なシステムを導入することができる

3 情報を評価し、状況を判断し、効果的に意思決定する能力を示す

4 自分の役割の中で、チームメンバーがプロフェッショナルな態度を維持するために適切なサポートとスーパービジョンを受けられるようにする

5 スタッフのスーパービジョンを行い、継続的な専門能力の開発を支援する

6 ソーシャルワークチームを効果的にリードし、高水準のサービス提供を保証する能力を有する

7 強力なチームスピリットの創造と発展

8 コミュニケーションスキルを有すること

9 ソーシャルワークの専門家としてのリーダーシップを発揮

10 病院の上級管理者と積極的かつ良好な協力関係を築く

National Head Medical Social Worker's Forum（2014）SOCIAL WORK IN A MEDICAL SETTING COMPETENCIES FRAMEWORK の一部を抜粋し、原田が訳し、表にまとめたもの

Chapter 4

■評価の方法

　ニューヨーク・プレスビテリアン病院では評価表を作成し、観察、試験、事例提出のいずれかの方法でスタッフとマネージャーやスーパーバイザーが記入し、話し合う方法で評価が行われていました。

ニューヨークプレスビテリアン病院の総合評価の内容

- 価値と行動：共感、敬意、責任、能力、イノベーション、チームワーク
- 技能：アセスメント、処理、コミュニケーション、ケア計画、専門能力の開発
- ケースの年齢層の経験と年齢層に特化したケアの技能
- 改善計画：改善の有無と改善に向けた行動計画
- 病院全体の方針・規程：遵守、注意の有無、コンプライアンス
- 目標と成果：今年の目標、来年の目標
- 総合評価

ニューヨークプレスビテリアン病院の総合評価表（2012）を元に原田が作成

　日本においても退院支援を対象とした評価表を小原、高山、高瀬ほか（2017）[47]が開発しています。退院支援の実践プロセスについては、患者さん本人と家族、担当チームと病院組織、地域・社会のそれぞれに対するプロセスを自己評価する方法であり、使用可能なものとして参考となります。

　カデューシンら（2009）[13] は、好ましい評価の手続きを述べています。その中からいくつかのポイントを紹介します。

- 評価は、専門職スーパービジョンの責務である。
- 評価は、スーパーバイジーの積極的な参加と意見を奨励するプロセスとなること。
- 評価の時期、評価の方法、評価の決定要因となる情報や基準、評価はどのような使い方をされるのかを事前に知らせること。
- 評価は、スーパーバイジーとオープンに共有されること。
- 評価は強みと弱みの両方が考慮されること。
- 評価の実施・伝達は、ポジティブな関係においてなされる。

　カデューシンらは、評価のためにはスタッフへ業務を説明して観察すること、日常的なスーパービジョンの中で少しでもアセスメントを伝えること、スーパーバイザーは記録していくこと、スタッフの業務行動の遂行から評価すること、などのポイントも述べています。

　すなわち評価とは、「スタッフの日々の実践を振り返ったり、評価したり、次の目標を話し合える機会とする」とするのが理想的ではないかと思います。

Ⅱ - 1. スタッフの評価の実際

　それでは、私が実際に前職において行った評価の方法をご紹介します。

　評価は組織において求められ、ソーシャルワーク部門においても評価表を作成して評価を行っていました。

　評価表の作成は、試行錯誤の経過がありましたが、スーパーバイザーと一緒に、本書で紹介したカデューシンらの評価の内容を取り入れた評価表を作成しました。

　評価は、1）スタッフによる自己評価と、2）マネージャーとスーパーバイザーが評価を行い、評価会議によって評価を確定するステップとし、より客観的なものへと改善されました。

　また、スタッフの自己評価は、自身が評価表に示された必要なパフォーマンスを確認できること、マネージャーにとっては、自己評価が低いスタッフがわかること、スタッフとマネージャーで、課題や目標設定の話し合いのツールとなることなどの効果がありました。

スタッフの評価の例

> ● 評価表を作成する
> ● 評価の方法を決める：　例）5段階評価
> ● 評価者を決める：自己評価、スーパーバイザー ＋ マネージャーの 2 名など
> ● 評価を実施する：評価を行い、評価者会議で評価を決定する、など
> ● フィードバックの方法を決める。

Ⅱ-2 ソーシャルワーク部門の評価

　マネージャーの役割は、「組織の目標にそって組織機能を維持することに重点を置き（ブライマン,1999）」、スタッフの監督、環境や財務の管理の他、「組織内の上位レベル（上級幹部や経営委員会など）への報告の活動に頻繁に関与する。」（マークヒューズ,2022）[5] と言われているように、ソーシャルワーク部門の評価を報告する責務があります。

　私の所属した組織では年1〜2回、経営幹部と臨床部門の部長やマネージャーとの面談の機会がありました。各部門は1年間の取り組み評価を報告し、話し合う方法がとられていました。
　私は毎年、データ分析による相談実績と取り組み、次年度の目標の報告を行ってきました。部門の取り組みは、スタッフの取り組みを総括することで報告することができます。
　また、データは月単位、半年、年間をまとめることで比較的スムーズに評価ができます。
　これらの評価を行うことは、部門にとって何ができて、何が課題なのか、そして何をすべきなのかを考察することにもなり、その評価をもとに課題や要望も示すことができる機会でもあり、必要な業務でした。

　スタッフの評価、部門の評価は苦手と思われる方もおられると思います。しかし、少しずつでも評価を行っていくと、次に進むべき課題を見出すことになると思います。

Chapter 4

No.15
データ分析

Q. データ分析とは、ソーシャルワーカーがクライエントへの相談支援の実績をデータ化し、分析・評価を行うことです。あなたの組織では、データ作成や分析はどのようにされているでしょうか?

Ⅰ. データ分析の必要性

　部門の実績をデータ分析して評価を行い改善していくことは、様々な基準にも示されています。また、病院機能評価や、がん診療連携拠点病院や地域支援病院等の認定において、相談件数の提出が義務付けられています。

　クールシェッドら (2006)[6] は、「ソーシャルワーク部門で高品質のサービスを提供していくことを追求していくこと、そのためには品質の基準や測定が必要であること」を述べています。

　品質の測定は、クオリティー・インジケーターのところでも述べますが、ソーシャルワーク部門でどれだけサービスを提供したか (何人に対応したか等) については数値化したデータが必要となります。
　また、部門組織がニーズに対応し、現在の組織運営体制が有効であるかの業務分析の必要性も述べており、その方法の一つとして、データ分析による評価が必要となります。

II. データ分析の実際

　データ作成は多くの病院において行われていると思いますが、一方で、データ分析や活用は充分に行えていないという現場の声が少なくないのが現状です。

　ここでは、ソーシャルワーカーが行った相談支援をデータ化し、分析することで部門の実績を評価し報告する業務について紹介します。

ソーシャルワークのデータ作成・分析プロセス

1. **データ環境を整える。**

   A. ソーシャルワーカーが対応した相談支援業務のデータ

   （急性期病院の例）

   　　相談支援の実施対象（患者さん・家族・院内スタッフ・地域等）

   　　入外別・診療科、援助方法（面接・記録・電話・訪問・協議）、

   　　対応時間等を入力

   B. 患者さんの個別の情報のデータ

   （医療機関の例）

   　　年齢・性別・住所・疾患・在院日数・転帰先などを入力

2. **スタッフがデータを入力する**

   ① 日報に記録しAのデータを入力

   ② 入院患者は退院後にBのデータを入力

3. **入力データからデータを抽出し、集計する**

   ※データの絞り込み、クロス集計など

4. **結果を表・グラフにする**

5. **結果から考察・評価を行う**

※日本医療ソーシャルワーカー協会（2010）[48] は、病院ソーシャルワーカーのデータの統一化・標準化を目指して、医療機関で使用されるデータベースの開発を行い、データシステムを公表しました。日々の相談業務日報のデータと患者の個別のデータ（サマリ）等を入力するシステムを使用しています。

相談支援の実績をデータにする方法は、大きく分けて2つあります。

① Aは、日々対応した相談支援業務をデータとして入力します。相談業務の行動を記録するといってもよいかもしれません。急性期病院の例では、相談の対象ごとに、入院／外来、診療科、対象、援助方法、対応時間などを入力します。
② Bは、対応した相談患者の個別の情報を入力し、データを作成します。年齢・性別・住所、疾患、在院日数、転帰先などの情報を入力します。

データ分析の手続きは、入力したデータからデータを抽出し、集計します。

集計後、結果を表やグラフを作成し、それらの結果を元に評価・考察を行います。

■データ報告書の例

データ報告は、ソーシャルワーク専門職としての実績を報告できるように報告書にまとめ、上長や上層部に提出することを指しています。

経営者側からの質問の例
▸ 相談はどれくらいあるのか？
▸ どのような相談があるのか？
▸ 前年度と比較してどうか？
▸ どのような患者さんが来ているのか？

上記は私が経営幹部との面談で、実際に質問された内容です。このような問いに対する回答ができるように、次のような表を作成していました。

急性期病院のデータ報告書に掲載したデータの例

Ⅰ．相談対応件数

Ⅱ．新規入院・外来患者の診療科別件数

Ⅲ．延べ入院・外来患者の件数

Ⅳ．新規患者数の過去5年間の比較

Ⅴ．新規入院患者の診療科別介入率

Ⅵ．援助分類、援助対象、援助方法、援助時間

Ⅶ．相談患者の地域、性別、年齢

Ⅷ．入院患者の疾病、転帰先、転院先、入院日数

Chapter 4

Ⅰ．相談対応件数

	××年度	△△年度	前年度比
新規相談支援患者数①			
継続相談支援患者数②			
相談支援患者数合計①＋②			
延べ患者数			
新規入院患者数			
新規外来患者数			

Ⅱ．新規入院患者の診療科別件数

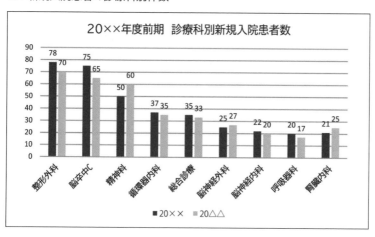

Ⅲ. 診療科の相談支援の報告例

△△年度　○○診療科　相談支援（入院）

	△△年度	前年度	増減
新規入院患者数			

	△△年度	前年度	差
在院日数			

患者の年齢

60 歳以下	60 ～ 69 歳	70 ～ 79 歳	80 歳以上

転院先上位 5 位

1	××病院	
2	××病院	
3	××病院	
4	・・・	

※診療科にソーシャルワーカーの担当を配置し、チームで地域との連携にも取り組んだ実績などを 1 枚にまとめて報告すると、よりわかりやすく成果を報告することができます。

■データ作成のメリットとポイント

● 入力データからは様々なデータ作成が可能で、プレゼンテーションや 学会発表、研究の基礎データとして活用することが可能です。

● 入力データはスタッフやマネージャーも、ケース数を把握したり、ケースの担当を調整する時にも使用できます。

● データ環境を整えることはどこの病院でも必要であり、特に病院のシステムが変わる時には、システムの設計段階から要望していくことも必要です。

● 日本医療ソーシャルワーカー協会では、開発したデータシステム[49] を協会ホームページで公開しています。これらはデータ項目等の参考になりますので必要に応じてご確認ください。

Chapter 4

No.16
クオリティー・インジケーター

Q. 医療において、質の保たれた医療・サービスを提供することは、どの医療機関においても重要なテーマであり目標です。
その医療・サービスの質の向上のために、クオリティー・インジケーター（Quality Indicator：質指標）を作成して、質を評価し、改善する取り組みが推進されています。
あなたの組織では、クオリティー・インジケーターによる測定は行われているでしょうか？

Ⅰ. クオリティー・インジケーターの必要性

　ソーシャルワーカーの実践も、質の高いソーシャルワークサービスを提供するために、評価することが重要です。ブロムら（2012）[50] は、ソーシャルワーク実践の質の評価について様々な定義を紹介し、考察を行っています。

ダーラ・ラーセン（2008）による品質の5つの視点からの定義

1. 定義された基準のばらつきを減らすこと
2. 特定の効果を得ること
3. 宣言した目標に到達すること
4. ユーザーの好みを満たすこと
5. 組織的なシステムによって品質を確保すること

　上記の5にある「組織的なシステム」は、「適切なデータを継続的に収集する、様々な文書化システムが含まれることが多い」と述べられています。

　また実践の質の評価について、ドナベディアン（1966）が提唱した「3つの質」についても介護施設の例で解説しています。

ドナベディアン（1966）による3つの質

構造的な質	リソース、スタッフの配置、能力のレベル、地域性、グループサイズ
プロセスの質	サービスの実施　例）仕事のやり方、クライエントに対する態度、内容、職場環境
結果の質	組織の目標と結果を示すもの ・実際に何が得られたか・目標に沿っているか

B・ブロム ,S・モーレン（2012）ソーシャルワーク実践における質の評価
介護施設における高齢者介護の異なる質の側面

	構造の質	プロセスの質	結果の質
クライエント	部屋 料金 スタッフの能力 介護／生活環境 他	継続性 信頼 治療 安全性 利用時間 他	高齢者の結果に対する満足 （生活の質）
スタッフ	設備と美観 勤務時間と状況 同僚 管理／サポート 仕事の状態 他	ストレス 責任と影響 仕事内容 身体的負担 高齢者と親族との接触 他	スタッフの介護の仕事の経験 （サービスの質）

Bjorn Blom, Stefan Moren(2012)The evaluation of quality in social-work practice より抜粋

　ブロムらは、質のどの側面が検討・調査されていて、どの側面が検討・調査されていないかを明確に認識することが重要だと述べています。このように、ソーシャ

ルワーク実践の質を評価するには、構造の側面、プロセスの側面、結果の側面から評価を行うことを学ぶことができます。

■ 急性期病院のクオリティー・インジケーター

　日本においても、全米ソーシャルワーカー協会（NASW）[27] で開発されたクリニカル・インジケーターをモデルとして、研究者と実践家で構成された研究班によって、クオリティー・インジケーターの開発研究[2.18] が 2011 〜 2013 年に行われました。

　その結果、NASWのQIを含む 13 の指標が開発され、研修会で公表されました。13 の指標は下記の表の通りです。

クオリティー・インジケーター

急性期病院のソーシャルワーカーのための Quality Indicator	
指針	ソーシャルワークサービスを必要とする患者は、そのサービスを受ける
QI.1	退院患者総数に対して、SW が関わった退院患者の割合 ※
数値	SW が関わった退院患者／退院患者総数
指針	患者と家族は、退院計画にかかわる
QI.2	退院支援を行う患者と家族の意向を記録に書いている ※
数値	患者・家族の意向を記録した／退院支援患者
指針	SW は、患者・家族の療養方法の選択を支援する
QI.3	退院後にケアや療養の継続が必要な患者に、複数の療養方法を提示している
数値	複数の療養方法を提示した／ 退院支援患者
指針	リハビリの継続が必要な患者に、必要な情報を提供する
QI.4	リハビリの継続が必要な患者に、リハビリ可能な転院先の情報を提供する
数値	リハビリ可能な転院先の情報を提供した／リハビリ継続が必要な患者
指針	回復期リハビリへの転院が必要な脳卒中患者に、早期に支援を行う
QI.5	脳卒中の回復期リハビリが必要な患者に、7日以内に面接を行う
数値	7日以内に面接を行った／脳卒中の回復期リハビリが必要な患者

指針	認知症・認知障害の患者が適切なケアを受けられるよう支援する
QI.6	認知症・認知障害のある患者に、状態安定後に介護保険サービスの必要性の評価を行い、記録する
数値	介護保険の必要性の評価を記録した／認知症・認知障害の患者

指針	患者の退院は、退院計画を調整する SW が知っている中で行われる
QI.7	SW が退院支援を行った患者が、SW に連絡なく退院した患者の割合 ※
数値	SW に連絡なく退院した患者／退院支援患者

指針	社会的に複雑な事情で再入院することを予防した退院支援を行う
QI.8	30 日以内の予定外の再入院の患者の割合 ※
数値	30 日以内の予定外の再入院／退院支援患者

指針	無保険の患者は緊急に支援を行う
QI.9	無保険の患者は、依頼当日に介入する
数値	当日介入した／無保険の患者

指針	キーパーソンがいない患者は緊急に支援する
QI.10	キーパーソンが不在の患者は、依頼当日に介入する
数値	当日介入した／キーパーソンが不在の患者

指針	虐待・虐待疑いの患者は緊急に介入する
QI.11	虐待もしくは虐待が疑われる患者は、依頼当日に介入する
数値	当日介入した／虐待・虐待疑いの患者

指針	SW は、患者のケアマネージャーを決められるよう支援する
QI.12	在宅ケアサービスが必要な患者が、ケアマネージャーの選定を行った
数値	ケアマネージャーの選定を行った／在宅ケアサービスが必要な患者

指針	SW は、適切な転院先や施設の情報を収集する
QI.13	転院・施設への入所後の苦情の記録をとっている
数値	転院・施設の苦情の件数／転院・施設へ入所した患者数

※は NASW の CI, QI.8 は応用したもの
原田、大出、笹岡ほか（2019）急性期病院のソーシャルワーカーのためのクオリティー・インジケーターの開発 - ソーシャルワーカーへの調査と患者調査によるクオリティー・インジケーターの評価より

Ⅱ. クオリティー・インジケーター（QI）による質の評価の実際

実際に、開発したQIを用いて質の評価を行った例をご紹介します。

QI.1 「退院患者総数に対して、SW が関わった退院患者の割合」

SW が関わった退院患者数を病院全体の退院患者数の何パーセントであるかを算出して表します。

この指標は NASW の指標ですが、現場のソーシャルワーカーへの調査においても、関心が高かった指標です。今日、入退院支援加算を取得した患者さんの割合も調べられることが多くみられるようになりました。

私は、この指標を応用し、診療科ごとの新入院患者さんにどれくらいソーシャルワーカーが介入したかを調べ、経営者への実践報告として報告を行っていました。
それは、診療科の入院患者さんに、ソーシャルワーカーがどれだけ支援を実施したかだけではなく、その診療科の入院患者さんの何パーセントに関わったかを明らかにすることで、ソーシャルワーカーの関与の必要性を示すことができるからです。

実際に、このQIを取る以前から、介入の多い診療科のカンファレンスにソーシャルワーカーが参加することを行っていましたが、QIを調べた結果、データとしても介入が多いことの根拠を示すことができました。

QI. 1の応用例　診療科別の SW 介入率

20 ××年度前期　診療科別ソーシャルワーカー介入率

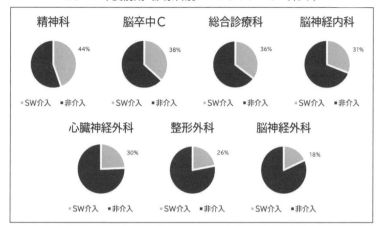

数値：ソーシャルワーカーが関わった数 / 診療科の入院患者＝介入率
（データは仮データで作成）

QI.3「退院後にケアや療養の継続が必要な患者に、複数の療養方法を提示している」

　この指標はマニュアルに掲載し、スタッフに説明しました。

　この指標の実施率を調べるときには 100% に近い実施率を期待したいところですが、仮に 75% の実施率だったとします。

　本来は複数の療養方法を提示することとしていますが、複数提示しなかった理由を調べます。（そのスタッフは、選択肢の提示をあまり行わない傾向があるのか、そもそも転院先がはじめから決められていたところへの転院だったのか、など）

　そして、その評価に基づいて改善が必要かどうかを判断し、実施率を上げていく取り組みを行っていきます。

QI はこのように、単に実施したかどうかの評価だけでなく、その数値をもとに、改善して質の向上を目指していくことに意義があるのです。

■ミシガン大学ヘルスシステムでの QI による評価の例

　私がインタビューしたミシガン大学ヘルスシステムのマネージャー達は、以下のようなプロセス QI（質の指標）を取り決め、マネージャーやスーパーバイザーが評価[3] を行っていました。

- ▶ ケースの発見後、48 時間以内に対応する。
- ▶ 面接後 48 時間以内に記録を書く。
- ▶ 手術後の患者さんには1週間に最低 1 回は会う。
- ▶ がんの外来患者さんに対して、1 か月以内に評価を行う。
- ▶ 30 日以内の再入院の患者さんをチェックする。
- ▶ 年 2 回の記録・支援の質の評価を実施する。

　これらのQIを使用した取り組みは、まだなじみのないものかもしれません。しかし、まずはその評価からはじめられるとよいと思います。
　そして、上記に示したプロセスQIの一つでも実施してみると、スタッフのパフォーマンス評価としても利用できます。
　QIを用いて新たな課題の発見を行い、改善するための取り組みをはじめてみてはいかがでしょうか。

Chapter 5
組織内外の改善と質の向上

No.17
他職種への啓発・プレゼンテーション

Q. 病院で働くソーシャルワーカーは、様々な他職種と協働して支援
を展開しますが、果たして、他職種はソーシャルワーカーのこと
を十分に理解しているでしょうか？ または、他職種にこんなこと
を知ってもらいたい、と思うことはないでしょうか？

Ⅰ. 他職種への啓発・プレゼンテーションの必要性

ここでは、他職種への啓発、そのためのプレゼンテーションについて紹介します。
他職種への啓発は、医療ソーシャルワーカー行動基準にも「専門職への啓発」
として明記されています。また、ソーシャルワーカーが様々なプレゼンテーション
を行うことは、NASWの継続教育[32]やアイルランドのコンピテンシー[9]、米国の病
院の職務記述書にも明記されており、必要な業務とされています。

なぜそのようなプレゼンテーションを行うのかについては、ソーシャルワークマネ
ジメントネットワーク（2018）[16]によるリーダーシップのパフォーマンス指標から
学ぶことができます。

- 成功や課題について議論するために、最新のパフォーマンスデータを
  使用し、機関の仕事に関する深い知識を示し、伝える。
- 組織内外からの支持と理解を深めるために、効果的にコミュニケーショ
  ンをとる。
- 未充足のニーズやプログラムの成果に関する情報を戦略的に発信する。

このようなパフォーマンスの方法として、プレゼンテーションが行われます。

　ソーシャルワーカーへの理解を深めてもらうために、あるいは様々な患者さんに関するニーズや情報などの理解やソーシャルワーク普及のためにも、発信していくことが必要とされています。

　具体的には、他職種へのオリエンテーションや教育、情報の共有、説明責任を目的としたプレゼンテーションが行われます。

　ソーシャルワークの実践の向上としても、取り組みの評価、クライエント支援の探究のプレゼンテーション、学会発表などがあります。また、地域や患者家族への啓発、教育、連携形成のためのプレゼンテーションも有効な方法です。

Ⅱ. 他職種への啓発・プレゼンテーションの実際

　プレゼンテーションは、比較的簡単な情報提供から研究におけるものまで幅広く行われています。したがって、ソーシャルワーカーが行うプレゼンテーションも、段階を経て行っていくことになります。

　米国の職務記述書をみると、最初の段階のソーシャルワーカーは他職種からのコンサルテーションに回答することが主となります。専門ソーシャルワーカーとなった段階では院内外の活動に参加し、さらに次の段階では研究や業務改善に取り組んだり、マネージャーは部門の実績を経営者らに報告する業務なども示されています。

　次に、私の米国での実施と所属組織の経験から、プレゼンテーションのステップの例を作成しましたので、紹介します。

プレゼンテーションのステップ

Step.1	Step.2	Step.3
新人〜	専門 SW	シニア SW
・他職種への情報提供 ・オリエンテーション	・院内活動 ・地域活動 ・学会発表	・データ分析 ・業務改善 ・研究

原田、小原、上田（2021）医療機関における SW の職位別の職務に関する一考察、学会発表 [26]
と臨床現場での経験から作成

- ステップ1では、他職種への情報に関するコンサルテーションにも対応します。たとえば、病棟に入職した看護師向けに社会資源についてのオリエンテーションなどのプレゼンテーションを行います。

- ステップ2では、ある程度の経験があり、専門ソーシャルワーカーとして業務を行う段階において、院内や地域の活動に参加していきます。この際に、診療科チームや院内での発表や、地域での会合においてプレゼンテーションを行います。

- ステップ3では、エキスパートとなったシニアソーシャルワーカーがデータ分析や院内改善に取り組む業務を担当し、研究も行います。これらの様々な分析や課題の改善取り組みにおいて、プレゼンテーションを行います。

他職種へのプレゼンテーションは、テーマを探すことから始めることもあります。

プレゼンテーションのテーマを探すことからはじめた例

（課題の検討）
院内で各部門がプレゼンテーションを行う機会があり、ソーシャルワーカーの順番となりました。そこで、マネージャーは中堅スタッフ3名とロジカルシンキングの方法を応用して、テーマとなる課題の検討を行いました。

※ロジカルシンキングによる課題抽出のプロセス
1. スタッフが院内で課題に思っていることを付箋に書き出す
2. スタッフ全員で、課題の分類・整理を行う
3. 出された課題の中から、優先すべき課題を話し合う
4. 優先すべき課題の要因について、各自が付箋に書き出す
5. 全員で要因について分類し、話し合う
6. それぞれの要因に対する対策を話し合う

（抽出された課題）
医師の回復期リハビリテーション病院以外の転院先についての理解が不足しており、回復期と同様の調整を求められることが優先的な課題とされました。

（プレゼンテーションの実施）
上記の課題に対して、どのようなプレゼンテーションを行うかを考え、回復期以外に転院した事例の分析を行い、転院移行支援と転院先との連携の課題をまとめて発表しました。
その結果、医師から転院先の分類の説明をしてほしい等の要望が出されたり、看護師の研修会での説明の依頼がある等、理解の普及や改善がみられました。

　他職種へプレゼンテーションを行っていく際には、以下のような手続きで行ってきました。

　　　　他職種の啓発を目的としたプレゼンテーションの作成プロセスの例

　1.　依頼の場合には、主旨と意図を確認する

　2.　何を伝えたいかを考える

　3.　方法を考える；情報提供、データ活用、事例分析、調査研究

　4.　プレゼンテーションの流れを考える

　　　※調査研究は、目的・方法・結果・課題のスタイル

　　　※情報提供がメインの場合には、起承転結のスタイル　など

　5.　みやすく、わかりやすく、つながりのあるスライドを作成

　　　※参考文献を調べ、出典を掲載、文字は多くしないなど

　6.　スライドの内容をスタッフや関係者にみてもらい、修正する

　7.　読み原稿を作成し、練習する

　8.　プレゼンテーションを行う

Chapter 5

　私はプレゼンテーションを依頼された時、これを有効な機会と捉え、理解を促すことや依頼の背景にどのようなことを他職種に理解してもらえればよいかを考察した上で、プレゼンテーションの内容を考え、準備・作成してきました。

　プレゼンテーションはその対象にもよりますが、事例の分析を行ったり、調査結果を示しながらプレゼンテーションを行うと、より具体的で明確なメッセージや課題を提示をすることができます。

　「No.10　教育」で紹介した NASW の継続教育には、「プレゼンテーションを行うこと」が示されています。

　また海外では、大学や研修機関で「プレゼンテーション」スキルのトレーニングが行われています。

　一方日本では、医療ソーシャルワーカーを対象としたプレゼンテーションの研修はあまりみられません。私自身もプレゼンテーションのトレーニングを受けた経験はありませんでした。

　しかし、多くのプレゼンテーションの機会をいただくなかで、依頼者である医師

や上長等にコメントをもらい、修正して完成させていくという経験が、結果として
トレーニングになりスキルアップにつながったと思います。

事例の分析や調査結果を紹介したプレゼンテーションの例

会場／年	タイトル	対象	方法／結果・内容
地域の専門家対象セミナー、2012	初期認知症患者の家族相談～家族の理解と支援の考察	初期認知症治療プログラムに参加した患者の家族24名	SWの記録から「困っていること・心配」を抽出し、マトリックス表を作成、HDS-Rによる違いを調べた。その結果、検査値が高くても家族は様々な心配事を抱えていた。
院内クリニカルボード、2015	地域包括ケア病棟への転院事例からみた今日的課題と支援の考察	地域包括ケア病棟へ転院した事例86名	SW介入必要基準の項目と転院後の転帰をカルテから調べた。その結果、整形疾患と内科疾患に年齢、入院前の自立度、緊急入院、転院後の退院に差があった。転院の受け入れ制限もあり、早期からのアセスメントと患者への説明、転院先との連携が課題である。
市民向けセミナー、2017	認知症がわかったらするべきこと～社会資源の活用術～	患者・家族の相談支援を行った1事例	認知症の社会資源制度の紹介、患者夫婦の関係がよくなかったが、合同面接により、地域の支援に結びついた事例の紹介を行った。介護者のストレス対処の方法として、米国アルツハイマー協会の介護者のストレスの徴候、ストレス処理の秘訣を紹介した。
院内クリニカルボード、2019	回復期リハビリテーション病院以外への転院先との連携	地域包括ケア、一般病床、療養病床に転院したA区の患者108名	SWへ調査を行い、患者の記録から情報を得て集計した。患者は様々な疾患、診療科に入院。多くが近隣への転院を希望したが、区内への転院は2割以下だった。転院はより重症な患者が時間を要しており、背景に区内に合致する転院先がない、療養先の決断、経済的余裕、施設の受入等の影響があった。患者支援と近隣区の転院先との連携の必要性が示唆された。

　診療チームでのプレゼンテーションでは、同じ患者さんに対してソーシャルワークの専門的視点から考えることになります。これにより、プレゼンテーションがチームにおいて支援を検討する機会やきっかけとなる経験をいくつもさせていただきました。

　また、院内や市民・地域向けのセミナーでのプレゼンテーションの機会においても、そのテーマにあった現状を調べ、分析することで、ソーシャルワーカー自身の現状分析や課題を明確にする機会にもなりました。

　まずは、診療チームでのプレゼンテーションからスタートされてはいかがでしょうか。

Chapter 5

No.18
院内改善

Q. 皆さんの職場でも、ケースの支援を行っている際に、院内で改善すべき問題や課題と感じる状況に遭遇することはないでしょうか？
あるいは、毎回同じような問題で、ソーシャルワーカーが調整に苦労するという状況はないでしょうか？この問題や課題に対して取り組むことが、院内の改善・システム化の取り組みです。
あなたの組織ではどのような取り組みをされているでしょうか？

Ⅰ. 院内改善・システム化の必要性

ヘプワースら（2010）[51] は、ダイレクト・ソーシャルワークの著書の中で、ネッティング、ケトナー＆マクマートリー（2004）が提唱した以下の2つの改善を紹介しています。

● クライエントに提供する資源を改善する。
● 職員がより効率的、効果的に業務を遂行することができ、その結果、クライエントへのサービスが改善するように、組織の職場環境を高める。

ヘプワースらは、「ソーシャルワーカーは、クライエントのためのサポートシステムの構築や組織化には精通しているものの、自分が所属する組織における変革に提案したりすることには控えめ、・・・また不可能であると感じている場合が多いこと、管理者がやるべき領域と結論付ける場合がある」とも述べています。
そのような傾向はあるでしょうか？
院内の組織内の改善については、米国の病院の職務記述書では「院内・チーム

の課題解決・企画に参加する」、「問題処理とシステム化 / プロジェクトタスクフォース」などが明記されており、同じく、アイルランドのコンピテンシー [9] のパフォーマンス指標にも、「プロジェクトマネジメントおよびプロジェクト開発のスキルと経験」が示されています。

このような改善取り組みは、クールシェッドら（2006）[6] も、「品質に関する成功事例を積み重ねることと、必要な部分への改善を続けることを通して、組織開発の継続的プロセスの意識を持つこと」の必要性を述べています。

この「組織開発」は、医療ソーシャルワーカー行動指針にも「組織改革」として必要性が示されています。

米国の実践例では、院内の改善は専門のソーシャルワーカー（MSW）から活動に参加し、シニアソーシャルワーカーがシステム化に取り組むことが職務記述書に書かれていましたが、質向上の取り組みは、スタッフ全員が参加することも示されていました。

このように、最善のソーシャルワークをクライエントに提供するためには、ソーシャルワーク部門内で院内での改善が必要とされていることを共有し、常に改善したり、システム化を行っていく姿勢を私達も学びたいと思います。

Ⅱ. 院内改善・システム化の実際

私が実際に、診療科チームとの連携の改善を行った例を紹介します。

Chapter 5

診療科チームとの連携の改善の例

（問題・課題）
〇〇診療の専門医が着任し、医師から患者さんが相談室に紹介されてきましたが、突然患者さんが来室し、ソーシャルワーカー（SW）に事前の情報がなく、対応に困ることが続きました。ソーシャルワーカーも〇〇診療の疾患や専門治療の知識も不十分な状況がありました。

（改善）
そこでソーシャルワーカーは専門医である部長に、ソーシャルワーカーの学習と医師との関係構築を目的として、勉強会でのプレゼンテーションを依頼しました。勉強会では、双方のコミュニケーションが図られ、部長からも、社会において専門治療の普及がされていないことやソーシャルワーカーへも社会資源のプレゼンテーションの依頼がありました。
ソーシャルワーカーは、地域向けのセミナーにおいて、疾患特有の社会資源を調べ、相談事例も紹介したプレゼンテーションを行いました。
その後、部長から学会発表の依頼、翌年は外部からも依頼と続き、ソーシャルワーカーは発表内容を医師に相談しながら発表を行いました。
その相談は患者支援の協議の機会ともなり、患者さんへの社会資源の情報提供の必要性を医師と共有し、医師から患者さんへ情報のパンフレットを渡す等が行われるようになり、ソーシャルワーカーと個別の協議が増えるなどのチームワークもさらに向上しました。

医師へのコンサルテーションを依頼

勉強会の実施、SW へプレゼンの依頼

外部発表の依頼・プレゼン内容の検討

患者支援の改善・院内連携向上

　あなたの組織においても、きっと改善すべき課題があることと思います。

　それらの課題検討を業務に取り入れることからはじめてみてはいかがでしょうか？

No.19
地域活動

Q. 地域活動は長年多くの医療機関で取り組まれてきました。
しかし、どのような意図で何が行われるべきなのでしょうか？
また、どのような地域活動をされているでしょうか？

Ⅰ. 地域活動の必要性

ヘプワースら（2010）[51] は、「コミュニティー介入のモデルと方略の4つの手法」を紹介しています。

● コミュニティー開発
● ソーシャルアクション
● 社会計画
● 能力開発

地域活動には上記の4つの手法があり、その中のひとつである「コミュニティー開発」については「コミュニティーの中で関係を構築し、幅広い参加を通して、コミュニティーの一体化や能力を高めることを目指した方略である」と述べています。

すなわち地域活動とは、患者さんの地域・コミュニティーで、患者さんに対してスムーズに支援が提供されることを目的とした"地域の連携力を高める活動"ともいえます。

私達は、この地域活動の業務も明確に業務として決めておく必要があります。

また、日々の臨床から得られる患者さんや地域のニーズにおいて、どのような強化すべき課題があるかについて常に関心を持つ必要もあります。

　たとえば、私たちが支援する患者さんは、地域の様々な専門機関と関わりがあり、支援を受けていきますが、それらの専門機関とは充分な相互理解があるでしょうか？

　直近では、COVID－19 の蔓延により、地域における連携した支援体制の必要性がマスコミでもクローズアップされました。

　地域の支援機関同士が良好に関わり、患者さんが安心して療養できるコミュニティーを作るための課題は、まだまだあるのではないでしょうか？

Ⅱ．地域活動の実際

　地域活動には、以下のような方法があります。

● 地域の勉強会や会合に参加する。
● ネットワークを作り、地域と事例検討会や交流会などを行う。
● ソーシャルワーカーで勉強会や仕組みづくりのネットワークを作る。

　診療チームと協働して、ネットワークを構築した例 52 を紹介します。

脳卒中転院ネットワークの構築の例

背景

脳卒中の患者さんを早期に受け入れ、最善の治療を行う「脳卒中センター」が開設されることになり、限られたベッド数で急性期治療を行うには、急性期後の転院ネットワークを作る必要がありました。

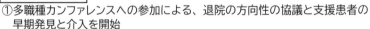

計画と活動開始

①多職種カンファレンスへの参加による、退院の方向性の協議と支援患者の早期発見と介入を開始
② SW と部長で転院先を検討し、訪問による連携の依頼を開始
③転院先との会合を開催し、情報共有やより円滑な連携形成を実施

結果

転院ネットワークが構築され、後に地域連携パスの導入も速やかにでき、定期的な会合の開催により、相互の連携も深まりました。

これは１つの診療科の例ですが、多くの診療科で、また多くの学会においても、地域との連携が一つの重要なテーマとして検討されています。

　私達ソーシャルワーカーも、ソーシャルワークの強みを活かして取り組みを行うことが、患者さん、組織、そして地域からも求められています。

No.20
ソーシャルワーク部門の質向上

Q. ソーシャルワーカーが組織で良い働きをしていくためには、ソーシャルワーク部門内のコミュニケーションや質の向上の取り組みが必要です。
あなたの組織では、どのような取り組みがなされているでしょうか？

Ⅰ.ソーシャルワーク部門のコミュニケーションと質の向上の必要性

　ミシガン大学ヘルスシステムでは、非常勤職含めて約 200 名のソーシャルワーカーが、大学病院、小児病院、がんセンター、高齢者クリニックの入院、外来に配置され、全てソーシャルワーク部門で統括されていました。
　そして、部門内では様々な委員会を設置して質向上や改善に向けての取り組みが行なわれていました。

- コミュニケーション委員会
- 医療と精神の統合委員会
- 質向上委員会
- 上記の他、スタッフ啓発、継続教育、調査・研究、統計の検討を行う各委員会

　ソーシャルワーカーの人数が多く、互いにコミュニケーションをとる機会がないこともありますが、ソーシャルワーカー間のコミュニケーションを促進するための委員会をはじめ、専門職としての向上や部門の質向上のための委員会など、スタッフが共に働き、成長していける環境が工夫がされていると感心しました。

　ソーシャルワークにおける組織とマネジメントの本を書いたマークヒューズら(2022)[5]は、「学習する組織」の考え方を紹介しています。

　学習する組織の目的は、組織内に継続的な学習の文化を創造すること(オズボーンとブラウン,2005)」であり、人々が共に学ぶ方法を学ぶことにより、スタッフの士気を高めるなどのプラスに影響がある(メイナード,2010)と述べています。

　ミシガン大学ヘルスシステムのソーシャルワーク部門内では、まさしく学ぶことを意図した委員会も開催されており、スタッフ間で共に学びあうことも成長の機会となります。

　また私達の組織においても、スタッフが増え各担当配置等になると、関連するスタッフとは話しますが、それ以外はコミュニケーションが少なくなることはないでしょうか?

　また、ソーシャルワーカー部門の質の向上についても、検討する機会がなければ日々の業務で時間は過ぎてしまいます。

　このように業務としてコミュニケーションや質向上のための時間を作ることを学びたいと思いました。

Chapter 5

Ⅱ.ソーシャルワーク部門内のコミュニケーションと質向上の実際

　ソーシャルワーカー間のコミュニケーションやソーシャルワーク部門の質向上のためには、いくつかの方法が考えられます。

● ミーティング
● ワーキング・グループ
● 勉強会・抄読会・事例検討会　　他

ワーキング・グループによる質の改善・向上の例

ある年、相談室で取り組まなければならない課題がいくつか重なりました。
そこでマネージャーは、3つのワーキング・グループによる検討をスタッフに
提案しました。

● 他部門・多職種と使用する患者サポートセンターの組織化
● 電子カルテシステムの記録・データベースのシステム化
● 地域支援病院認定による地域との連携推進の会合企画

相談室内のソーシャルワーカーと看護師による3つのワーキング・グループで
各課題について取り組み、より望ましい体制への構築・改善ができました。

また、スタッフからも、普段はなかなか話す機会がなかったスタッフとコミュ
ニケーションができて良かったと報告もありました。

ソーシャルワーカー部門の質向上のためには、何をすればいいでしょうか？
　その問いに対しては、まずは部門内でどのようなことを改善して質の向上を図る
のかを検討していくことから始めることをお勧めします。

　何から始めるかについては、下記のようなテーマを決めて、カードワークで課題
を抽出する方法もありますし、グループディスカッションで課題を見出していく方
法もあります。

● ソーシャルワーク部門内の改善事項
● スタッフ間のコミュニケーションとチームワーク
● スタッフの能力向上
● その他

　このように話し合う機会があることで、互いのアイディアを出し合い、作り上げていくプロセスにおいて、ソーシャルワーカーの結束力や成長、そして、部門の質向上につながっていくことが期待されます。

Chapter 5

No.21
研究

Q. 医療ソーシャルワーカーの業務指針に「調査、研究を行うこと」
が明記されています。
あなたの組織では、研究は行われているでしょうか？

Ⅰ. 実践現場で行う研究

　研究の必要性については、大学での教育や多くの研究者による書籍が出されていますので、ここでは、どのように実践現場で研究を行うかについて、紹介したいと思います。

　CSWE のソーシャルワークのコンピテンシー（2022）[33] の一つに、「実践に基づいた研究に取り組むこと」が示されていました。
　また具体的には、ソーシャルワーカーは様々な課題に対して「研究を行い、知識を構築」し「実践、政策、プログラムの改善に役立てる」ことが示されています。

　一方、ミシガン大学ヘルスシステムのセラ・ティッシャーら（2017）[53] は「実践者の中で積極的に研究に従事している人はほとんどいない」（Palinkas & Soydan,2012）と述べた上で、ソーシャルワーク部門において、研究に関心のあるスタッフが様々な研究に関連する活動を行うことを奨励し、研究を実践に統合する基盤形成を行ったことを報告しています。

　そして、その研究インフラの構築には9つの要素が必要であったことも述べています。

ティッシャーらによる研究インフラの構築への9つの必須要素

1. ソーシャルワーク研究を意識し、奨励する場の創設
2. 部門内の研究活動をするスタッフと指導者からなるSW研究委員会の設立
3. 研究リーダーの任命
4. 大学医学部の臨床医を対象とした研究トレーニングプログラムとの連携
5. ソーシャルワーク学部の教員との連携
6. ソーシャルワーカーが利用しやすい資金源の特定
7. 精神社会的データを収集するためのデータベースの作成
8. ソーシャルワーク評価ツールの開発
9. 研究を臨床の最上位に組み込んだキャリアラダーの開発

Sara Tischier, Melissa Webster, Daniela Wittmann, et.al(2017)
Developing and sustaining a practice-based research infrastructure in a hospital social work department: Why is it important? より一部抜粋

Chapter 5

　日本においては、大学院に進んで研究を行うソーシャルワーカーもいますが、ソーシャルワーク部門内に、このような研究体制を構築することはそう簡単にできることではありません。
　しかし、上記の9つのうち、いくつかは参考となるのではないでしょうか。

　まずは、実践に基づく研究が、実践のベストプラクティスを見出す・あるいは創出するためのものであることをスタッフに伝えることです。
　また、研究手法を学んだり最新の研究をレビューするなどは、すぐにでもできると思われます。
　さらに、データを取得できるような環境を整えること、キャリアラダーに明記することも参考となります。

Ⅱ. 実践現場での研究の実際

　私自身も大学で研究を学び、学会発表を行った経験がありましたが、さらに研究論文について学びたいと思い、大学院で研究・論文[54]にまとめました。
　その例をご紹介します。

ソーシャルワーク実践の研究のステップの例

1. 研究テーマを決定する

筆者は、脳卒中の重症患者さんの家族への転院支援に難しさを感じていました。先行研究を調べ、多くの研究がなされていることを確認し、脳卒中の重症患者さんの家族への適切なアセスメントと支援方法を見出すための研究を行うこととしました。

2. 研究方法を決定する

ラザルスとフォルクマンによるストレス・コーピング理論を用いたアセスメントシートを作成し、支援事例に再アセスメントを行い、分析を行う方法としました。

3. 方法を実施し、結果・考察を行う

事例の再アセスメントを指導教授と2名で実施し、アセスメントを分析した結果、家族のストレス・コーピングには違いがあること、その要因も分析することができ、より深く家族の理解を行うことができました。

4. 論文・学会発表・実践への反映

論文にまとめ、学会発表も行いました。
実践においても、家族のコーピングのアセスメントを実施し、コーピングに応じた支援を行うことができるようになりました。

　このようなステップで研究を行い、日々の実践において、難しいと感じていたケースのアセスメントと支援方法を研究によって見出し実践に反映できた経験は、その後の私自身に大きな成長のきっかけとなりました。

　様々な学会では、多くの実践報告も行われています。

　まずは、ソーシャルワーク部門内で学会発表を行うことを奨励し、研究を行う場合の相談・サポート体制の構築（外部からのサポートも含み）や職能団体の学会発表の場に積極的に参加するなどすると、研究もスタートできるのではないでしょうか。

Chapter 5

No.22
専門職活動

**Q. 専門職として働いていくには、専門職としての向上を目指すこと
が必要です。
あなたの組織では、専門職としての向上のためにどのようなこと
をされているでしょうか？**

Ⅰ. 専門職活動の必要性

　ミシガン大学ヘルスシステムのソーシャルワーク部門では「スタッフが最新の情報
を得ること、継続教育を受けること、質の向上に参加すること、研究にも参加する
こと」などが職務記述書にも明記されていました。
　それらの活動は、ソーシャルワークの専門性を高める上で必要な専門職活動であ
り、部門内でスタッフと取り組まれていることを私達も学びたいと思います。

　また、本書でもいくつか紹介したヘルスケア領域のリーダーシップ協会
(2008)[55] では、現場のソーシャルワーカーに役立つツール開発が行われていまし
た。

　この団体は現在では、かなり発展した活動となっていることがホームページから
も窺えますが、当時入手した「ソーシャルワーカーのリーダーのためのツールキット」
(ソーシャルワークオリエンテーションのチェックリスト、Job Description、ソー
シャルワークのコンピテンシーのテンプレート)は、その団体で開発され、配布さ
れていました。

　このように、ソーシャルワーカーが協働して、現場に役立つツールを開発することは、現場にとって大変助かることであり、求められていることであると思います。

　「No.13のトラブル対応・業務の調整」でも紹介した、英国ソーシャルワーカー協会、バーススパ大学、ソーシャルワークユニオン（2020）[28] が開発した「ソーシャルワーカーのウェルビーイングと労働のコンディション：グッド　プラクティス　ツールキット」の中で、「継続的なプロフェッショナル開発」が述べられています。

　英国では多くのソーシャルワーカーが、専門職として自身を成長させたり、アイデンティティーを高めるために、集団的な活動に参加しています。それらの活動は、下記のような点が挙げられます。

● 職場を超えたピアサポートへのアクセス・・・専門職の一部の認識を高める。
● 日々の仕事で目にするニーズの要因についてより深く学べ、意識を高められる。
● ソーシャルワーカーのレジリエンス（回復力）、専門的な目的、能力、リーダーシップを発揮する能力を支援することができる。

　また、英国の職能団体に参加するメリットとして、アイデンティティー、ウェルビーイング、自信を高める、専門的スキルの開発ができ、専門誌や研究の知識も得られるメリットが述べられています。

　日本においても、南、武田（2004）[56] によって、ソーシャルワーカーの専門職性の研究が行われ、専門職性自己評価表が開発されました。

　これには専門職として必要な7つの領域と各評価項目が示されています。

　その領域とは、「使命感」、「倫理性」、「自律性」、「知識・理論」、「専門的技能」、「専門職団体との関係」、「教育・自己研鑽」です。

　英国ソーシャルワーカー協会も「専門職団体との関係」を示しており、参考となります。

Chapter 5

Ⅱ．専門職活動の実際

日本においても、専門職活動は以下のような方法があります。

● 最新のソーシャルワークの情報を得る
● 最新の研究から情報を得る：専門誌・学会発表を聞く
● 専門職会議やシンポジウム・会合に参加し、情報を得る
● 専門職団体に参加し、活動する

専門職団体（職能団体）の事業の例

日本医療ソーシャルワーカー協会の事業

● 全国大会・学会の開催
● 機関誌・専門情報の発信
● 基準の開発・改定
● 専門研修
● 認定事業
● 調査研究
● 循環器やがん等の政策立案段階から会議に参加
● 専門職団体としての提言
● 関連団体との連携
● 社会貢献活動　　　　　　　　　　　他

日本医療ソーシャルワーカー協会ホームページ[34]、総会資料より一部抜粋して作成

　日本医療ソーシャルワーカー協会などの専門職団体では、専門研修、学会の開催、基準開発などの専門職として必要な専門性の向上、ソーシャル・アクションなどを行っています。職能団体の活動に参加することで、職場内では知ることのできなかった情報やソーシャルワーカーのネットワークや協働の機会ともなります。

職能団体での活動の例

日本医療ソーシャルワーカー協会から診療報酬の要望に関するヒアリング
を受けました。そのヒアリングの機会を通じて、領域別の現場のソーシャル
ワーカーのグループによる検討や臨床現場にとって、統一された共通ツー
ルの開発の必要性にも気が付き、ワーキンググループでの検討が開始され、
以下の取り組みを行いました。

活動1　：　診療報酬を要望するための取り組みを開始し、要望書を提出
　　　　　　→　退院調整加算が創設され、説明会を開催
活動2　：　全国共通のデータシステムの仕組みを検討、助成金を得て開発
　　　　　　→　開発したデータシステムを全国で研修会を開催し、CD を
　　　　　　　　配布[48]

Chapter 5

　ソーシャルワーカーとしてのワーキング・グループや共同研究によるツール開発
は、日々の実践を共有し、協働して探究し、作り上げるプロセスです。振り返って
みれば、楽しく、充実した活動となります。
　それらの経験は、実践の中でも反映できることが大きく、同じ専門職だからこそ
わかりあえる存在であり、また力となり、活動後も相談しあえる関係になり、ソーシャ
ルワーカーのネットワークも広がっていきます。

　まずは、ソーシャルワーク部門内で専門職活動も業務に組み入れ、スタッフに
専門職活動への参加を促すことから始めてはいかがでしょうか。
　忙しい時代だからこそ、専門職活動も必要とされているのではないでしょうか。

おわりに

　このブックレットは、多くの方々との共同研究や臨床現場での経験にもとづいて書くことができましたので、感謝を申し上げたいと思います。

　笹岡眞弓氏、大出幸子氏、西田千佳子氏、宮内佳代子氏は、ソーシャルワーカーのクオリティ―・インジケーターの開発をご一緒に行ってくださいました。共同研究の先生方にも多くのご示唆をいただきました。

　また、その研究において業務の質に関する知見を深めた、インタビューに対応してくださったミシガン大学ヘルスシステムとニューヨーク・プレスビテリアン病院のソーシャルワーカーの方々にも感謝します。この研究が、私の質向上への探究の第一歩でした。

　佐原まち子氏と八木亜紀子氏は、臨床現場でのスタッフへのスーパービジョンの他、スーパービジョン体制に必要な様々なツール開発をご一緒にしてくださいました。特に、佐原まち子氏は、本書についても貴重なコメントをくださいました。

　小原眞知子氏と上田まゆら氏は、米国のソーシャルワーク部門体制の共同研究を行ってくださり、本書で紹介しましたソーシャルワーク部門体制に必要な構成要素を見出すことができました。

　そして、私の元上司達は、私が臨床現場にいる頃から様々な課題や本を書くように助言してくださいました。ようやく出版することができました。また、大学院の指導教授であった渡部律子先には、在学中から卒業後にも様々な相談にのってくださり、ブックレットの執筆についても勧めてくださいました。

　最後に、クオリティー・インジケーターの共同研究でもお世話になりました小山
秀夫先生は、出版のお声かけをしてくださり、出版の道を示してくださいました。
また本書の出版においては、日本ヘルスケアテクノ株式会社の河内理恵子氏と井
出清彦氏に執筆過程から出版まで、多くのアドバイスや援助をいただきました。

　皆様に、深く感謝申し上げます。

　本書を書き進める作業は、私自身にとっても、臨床現場での実践を、再度捉え
なおす機会となりました。実践を振り返ってみても、ソーシャルワーク部門の体制
作りは、よりよい実践への探究でもあり、多くのスタッフ、院内の診療科のチーム、
スーパーバイザー、他病院のソーシャルワーカーや共同研究者の皆様と一緒に考え、
作り上げ、見出したもので、私一人の力ではできませんでした。あらためて、ご一
緒に活動できたことも感謝しています。

　また、私がテーマとしてきたクオリティー・インジケーターの研究は、プロセス
を中心としたクオリティー・インジケーターを開発しましたが、ストラクチャー（構
造）のクオリティー・インジケーターは、課題としていました。今回、ソーシャルワー
ク部門の構造について、米国の優れた病院のソーシャルワーク部門の資料を調べ、
部門体制に必要な構造の理解に少し近づいたように思います。

　訪問した米国の病院は、ソーシャルワーカーの人数も圧倒的に多く、臨床実践も
心理療法を行うレベルと高く、教育・トレーニングが充実している等、大きな違い
がありました。でも、対象としているクライエントの方々は同じで、同じようなソー
シャルワーク支援をされている状況もあり、感動を覚えたことを今でも覚えていま
す。また、エキスパートのシニアになっても研修を受ける仕組みやマネージャーと
の定期的な個別ミーティングなど、部門内で行われている様々な取り組みは、私
にとって1つのモデルとなり、今資料を手にとっても、学ぶところが多く、本書で
も紹介させていただきました。

　また執筆過程において新たに文献をみつけ、"こんな方法があったのか"、と気
づかされたことも多々ありました。特に、英国ソーシャルワーカー協会、バースス

パ大学等によるグッドプラクティスの文献には、ソーシャルワーカーの仕事は、タスクの重なりや要求、変化などに対応する仕事で、ソーシャルワーカー自身のレジリエンス（回復力）を要する仕事であること、組織から求められるタスクと部門内のスタッフに目を向けること、そのバランスが上手であることなど、難しさとの両輪の仕事であると書かれていました。私自身、できなかったこと、難しかったことが多々ありましたが、本当にそうであると納得させられ、慰められました。私達の仕事は、難しさがあることを認識し、もっとそれに対峙する力や私達自身のケアのための何か、あるいはサポートが必要とされているのかもしれません。

　皆様の職場においても、ソーシャルワーカーの部門体制、もしくは、部門がなくても、組織においてのソーシャルワーカーの体制づくりは、１つ１つ積み上げていくことになります。何を、どこから始められそうかを考え、できそうなところからの改善でいいと思います。本書がそのヒントになれば幸いです。その取り組みは、ソーシャルワーク部門・組織の質向上に着実につながっていくと思います。

　一方、本書を読まれた方の中には、読むだけでは難しいと思われたソーシャルワーカーもいらっしゃるかもしれません。個別の事情にあったサポートも必要とされている組織もあると思います。今後は、そのような方々を対象としたセミナーやサポート事業なども行っていきたいと考えています。

　最後に、ソーシャルワーク部門・組織の体制づくりに取り組むソーシャルワーカーへのサポートの探究は、まだ最初の一歩にすぎません。大学の教員の方の中には、文献等も含めて不十分と思われた方もいらっしゃることと思います。実践家としての執筆であることをお許しいただき、今後さらに臨床現場からの情報などを加えていきたいと思っております。そして、ご関心のある方々とご一緒に、臨床現場のソーシャルワーカーへのサポート方法をこれからも探求していきたいと思っています。
　ご関心のある方は、どうぞご連絡ください。

　全国のソーシャルワーク部門の質向上とソーシャルワーカーへのサポートの輪が広がることも願っています。

文　献

1. Joint Commission International（2023）JCI-Accredited Organizations
   https://www.jointcommissioninternational.org/ 2023.11.16
2. 原田とも子，大出幸子，笹岡眞弓，西田知佳子，宮内佳代子，小山秀夫，高橋 理，福井次矢（2014）クオリティ・インジケーターの開発～ソーシャルワーカーへの意識調査と急性期病院の患者調査によるクオリティ・インジケーターの検証，厚生労働省科学研究費補助金　政策科学総合研究事業「急性期病院におけるソーシャルワーカーの実務基準と質指標（クオリティインジケーター、QI)の開発に関する実践研究　平成23～25年度総合研究報告,8-13
3. 高橋 理，原田とも子，宮内佳代子ほか（2012）米国のソーシャルワーク業務の質についてのインタビュー調査，平成23年度厚生労働省科学研究費補助金　政策科学総合研究事業（政策科学推進研究事業）分担研究報告書,17-25
4. 原田とも子，小原眞知子，上田まゆら（2022）米国の医療機関におけるソーシャルワーク部門体制に関する基礎的研究，2021年度日本社会事業大学研究紀要　第68集,127-141
5. Mark Hughes, Michael Wearing（2022）Organizations & Management in Social Work Everyday action for change 4th Edition, SAGE Publications Ltd, 19-29,82-83
6. Veronica Coulshed, Audrey Mullender, David N.Jones,et.al, (2006) MANAGEMENT IN SOCIAL WORK,3rd edition, （ ＝ 2009, 星野晴彦，幸田達郎，山中裕剛，他訳,『今求められるソーシャルワーク・マネジメント』, 久美株式会社，1-13, 47-96,152-184, 185-232)
7. National Association of Social Workers（2011）Social Workers in Hospitals & Medical Centers occupational profile
   https://www.socialworkers.org/LinkClick.aspx?fileticket=o7o0IXW1R2w%3D&portalid=0. 2021.10.25
8. National Association of Social Workers（2016）NASW Standards for Social Work Practice in Health Care Settings
   https://www.socialworkers.org/LinkClick.aspx?fileticket=fFnsRHX-4HE%3D&portalid=0 2021.8.14
9. National Head Medical Social Workers 'Forum（2014）SOCIAL WORK IN A MEDICAL SETTING COMPETENCIES FRAMEWORK

10. 公益社団法人　日本医療ソーシャルワーカー協会（2022）ソーシャルワーカーの倫理綱領, 医療ソーシャルワーカー行動基準, 医療ソーシャルワーカー業務指針

11. Ravin Jesuthasan, John W. Boudreau（2022）WORK WITHOUT JOBS How to Reboot Your Organization's Work Operating System（=2023, マーサージャパン訳,『仕事の未来×組織の未来—新しいワーク OS が個人の能力を 100% 引き出す』, ダイヤモンド社

12. University of Michigan　（2023）Career path navigator, Michigan Human Resources https://careers.umich.edu/ 2023.3.23

13. Alfred Kadushin, Daniel Harkness（2009）, Supervision in Social Work,5th edition,（= 2016, 福山和女監修, 萬歳芙美子, 荻野ひろみ監訳, 他『スーパービジョン イン ソーシャルワーク』, 中央法規, 46-89）

14. Gillian Ruch（2020）PSDP-Resouces and Tools : Being a social work leader https://practice-supervisors.rip.org.uk/wpcontent/uploads/2020/01/KB-Being-a-social-work-leader.pdf 2023.1.10

15. John Harris, Vicky White（2018）A Dictionary of Social Work and Social Care, Second Edition, Oxford University Press, 296-297, 382-383

16. Shelly Wimpfheimer,Karen Beyer,David Coplan,et.al（2018）HUMAN SERVICES MANAGEMENT COMPETENCIES, A Guide for Non-Profit and For-Profit Agencies,Foundations,and Academic Institutions https://www.socialserviceworkforce.org/resources/human-services-management-competencies 2023.3.22

17. 大本和子, 笹岡眞弓, 高山恵理子（1996）ソーシャルワークの業務マニュアル, 川島書店

18. 原田とも子, 大出幸子, 笹岡眞弓 ほか（2019）急性期病院のソーシャルワーカーのためのクオリティ・インジケーターの開発—ソーシャルワーカーへの調査と患者調査によるクオリティ・インジケーターの評価. 厚生の指標, 第 66 巻第 5 号, 厚生労働統計協会, 39-41.

19. 原田とも子（2001）ソーシャルハイリスクスクリーニング基準の開発、病院管理フォーラム　総合相談室—退院計画の課題 4, 病院　第 60 巻第 4 号, 328-329, 医学書院

20. 原田とも子（2001）ソーシャルハイリスクスクリーニングの試行、病院管理フォーラム　総合相談室―退院計画の課題 5，病院　第 60 巻第5号 , 442-443, 医学書院
21. 厚生労働省（2023）令和 4 年度診療報酬改定の概要　入院Ⅳ https://www.mhlw.go.jp/content/12400000/000920427.pdf 2023/ 2023.8.05
22. 宮内佳代子、大出幸子、笹岡眞弓ほか（2015）ソーシャルワーカー介入必要基準の開発 , 日本病院会雑誌 , Vol.62,No.3,P.334-339
23. Michelle B. Riba, Kristine A. Donovan, Barbara Andersen, et.al（2019）Distress Management, Version 3, J Natl Compr Canc Netw.2019 Oct 1;17(10):1229-1249 https://www.ncbi.nlm.nih.gov/pmc/articles/PMC6907687/ 2023/08/05
24. National Association of Social Workers Michigan(2023) Licensure-Requirements https://www.nasw-michigan.org/page/186 2023/04/07
25. Alfred,Kadushin,Daniel,Harkness(2002)SUPERVISION IN SOCIAL WORK,4th EDITION, Columbia University Press,358-372
26. 原田とも子 , 小原眞知子 , 上田まゆら（2022）医療機関におけるソーシャルワーカーの職位別の職務に関する一考察 , 第 42 回日本医療社会事業学会プログラム・抄録集
27. National Association of Social Workers(1981) NASW Standars for Classfication of Social Work Practice（=1997, 日本ソーシャルワーカー協会訳 ,『全米ソーシャルワーカー協会 ソーシャルワーク実務基準および業務指針』, 35-43, 相川書房
28. Jermaine M Ravalier, Ruth Allen（2020）Social Worker Wellbeing and Working Conditions : Good Practice Toolkit https://swu-union.org.uk/wp-content/uploads/SW_Wellbeing_Working_Conditions_Good_Practice_Toolkit_1.2.pdf 2023.5.11
29. Provincial Health Care Social Work Working Group(2022) Registered Social Worker Competencies within B.C.Health Care https://www.jccresourcecatalogue.ca/media/pcn/SW_Competency_Document.pdf 2023.4.13
30. Judith Dobrof, Sarah Bussey , Kristin Muzina(2019) Thriving in today's health care environment: strategies for social

work leadership in population health,Social Work in Health Care.2019 Jul;58(6) 527-546

31. 小松美智子（2017）ソーシャルワーカー組織のマネジメント，保健医療ソーシャルワークーアドバンスト実践のためにー，日本医療社会福祉協会，日本社会福祉士会 編集，中央法規，256-270

32. National Association of Social Workers（2003）NASW Standards for Continuing Professional education https://NASW Standards for Continuing Professional Education (socialworkers.org) 2021.10.9

33. Council on Social Work Education（2022）Educational Policy and Accreditation Standards for Baccalaureate and Master's Social Work Programs https://www.cswe.org/accreditation/standards/2022/ 2023.7.7

34. 公益社団法人 日本医療ソーシャルワーカー協会 ホームページ https://www.jaswhs.or.jp/

35. 原田とも子，佐原まち子（2016）急性期病院のソーシャルワーカーのキャリアラダーの開発と評価，日本医療社会福祉学会第 26 回大会抄録集

36. 佐原まち子，原田とも子（2017）組織におけるキャリアラダーに関する考察，第 65 回公益社団法人日本医療社会福祉協会全国大会，第 37 回日本医療社会事業学会 プログラム・抄録集

37. 公益社団法人 日本精神保健福祉士協会 精神保健福祉士のキャリアラダーとワークシート https://www.jamhsw.or.jp/ugoki/kensyu/sakura-set.html 2022.2.7

38. 一般社団法人 北海道医療ソーシャルワーカー協会， 医療ソーシャルワーカー キャリアラダー・モデル ハンドブック 2023 https://www.hmsw.info/wpcontent/uploads/2023/04/7ef08e52c77a98bd8205d8fe7c70a79c.pdf 2023.8.5

39. 厚生労働省（2018）ソーシャルワーク専門職である社会福祉士に求められる役割等について https://www.mhlw.go.jp/file/05-Shingikai-12601000-Seisakutoukatsukan-Sanjikanshitsu_Shakaihoshoutantou/0000199560.pdf 2023.10.18

40. 厚生労働省（2020）精神保健福祉士資格取得後の継続教育や人材育成の在り方について https://www.mhlw.go.jp/content/12200000/000820580.pdf 2023.10.17

41. 田中千恵子（2017）組織が保証する人材養成システムとスーパービジョン体制, 保健医療ソーシャルワークーアドバンスト実践のためにー, 日本医療社会福祉協会, 日本社会福祉士会 編集, 中央法規, 271-286
42. 福山和女, 渡部律子, 小原眞知子ほか（2018）保健・医療・福祉専門職のためのスーパービジョン 支援の質を高めるための理論と実際, ミネルヴァ書房
43. 保正友子, 浅野慎治, 市原章子ほか（2023）49の実践事例から学ぶ医療ソーシャルワーカーのための業務マネジメントガイドブック, 中央法規
44. Global Social Service Workfouce Alliance（2020）GUIDANCE MANUAL ON Strengthening Supervision for the Social Service Workforce
https://www.socialserviceworkforce.org/resources/guidance-manual-strengthening-supervision-social-service-workforce 2023.6.3
45. 原田とも子（2021）スーパーバイザー配置によるスーパービジョン体制の有効性の考察, 第41回日本医療社会事業学会
46. National Association of Social Workers（2013）Best Practice Standars in Social Work Supervision
https://www.socialworkers.org/LinkClick.aspx?fileticket=GBrLbl4BuwI%3D&portalid=0 2022.4.30
47. 小原眞知子, 高山恵理子, 高瀬幸子ほか（2017）ソーシャルワーカーによる退院における実践の自己評価, 相川書房
48. 原田とも子, 新村郁子, 宮内佳代子ほか（2010）病院ソーシャルワーカーの業務指標開発事業報告書, 独立行政法人 福祉医療機構「長寿・子育て・障害者基金」助成事業, SWHS Social Work Data System 2010 病院ソーシャルワーカーの業務指標開発事業報告書, 社団法人日本医療社会事業協会, 1-10
49. 公益社団法人 日本医療ソーシャルワーカー協会, SWデータシステム MANBOリンク
https://manbo.link/ 2023.3.31
50. Björn Blom, Stefan Morén(2012)The evaluation of quality in social-work practice
51. Dean H.Hepworth, Ronald H. Rooney, Glenda Dewberry Rooney,et.al(2010)Direct Social Work Practice（=2015, 武田信子監修, 北島栄治, 澁谷昌史他監訳,『ダイレクト・ソーシャルワーク・ハンドブック』, 明石書店, 694-725）
52. 原田とも子（2010）急性期病院、よくわかる医療と福祉、ミネルヴァ書房、88-91

53. Sara Tischier, Melissa Webster, Daniela Wittmann, et.al(2017)Developing and sustaining a practice-based research infrastructure in a hospital social work department: Why is it important?,Social Work in Health Care 2017,Vol.56,NO.1,1-12

54. 原田とも子（2013）脳卒中重症患者の転院移行におけるストレス・コーピングの理解―ストレス・コーピング理論によるアセスメント枠組みを使用した事例分析を通してー, 日本女子大学大学院修士論文

55. Society for Social Work Leadership in Health Care（2008）Tool Kit For Social Work Leaders

56. 南彩子, 武田加代子（2004）ソーシャルワーク専門職性自己評価, 相川書房

（入手日：2012 年 2 月）

University of Michigan Health System Department of Social Work

1　New Employee and Trainee Orientation Manual

2　Social Work Department New Employee Clinical Orientation checklist

3　Social Work Assistant Job Description

4　LLMSW Clinical Social Worker Job Description

5　LMSW Clinical Social Worker Job Description

New York-Presbyterian Hospital

6　Social Work Policy and Procedure Manual

7　Social Worker Job Description

8　Senior Social Worker Job Description

9　Manager,Social Work Services Job Description

10　New York-Presbyterian Hospital/Weill Cornel Medical Center Employee Performance Review

11　New York-Presbyterian Hospital integrated Social Work Chart Audit Tool

Society for Social Work Leadership in Health Care, Tool Kit for Social Work Leaders, Latest Revirsion,2008

12　Generic Job Description for a Bachelors Level Social Worker

13　Generic Job Description for the MSW Clinical Social Worker

14　Generic Job Description for a License Clinical Social Worker

15　Generic Job Description for a License Clinical Social Worker Ⅱ

16　Social Worker Orientation Checklist

17　Social Work Competencies

※ 2012 年に米国の医療機関のマネージャーにインタビュー調査[3]を実施した時に入手した資料の一覧です。
入手から時間的経過がありますが、筆者がこれらの資料を実践において参考としてきたこと、国内の文献ではほとんどみられることが少なく、参考となる資料と思われましたので、紹介を行っています。

著者：原田　とも子

日本女子大学大学院社会研究科社会福祉学専攻修士課程修了
社会福祉士・精神保健福祉士
急性期病院（NTT 東日本関東病院）のソーシャルワーカーとして
勤務後、2021 年からフリーのソーシャルワーカーとして、臨床現
場のソーシャルワーカーのサポートに関連した活動を行っている。
社会医療研究所　ソーシャルワーク・アドバイザー、セミナー講師、
2024 年度から武蔵野大学非常勤講師。2021 年から日本医療
ソーシャルワーカー協会の理事、2023 年から副会長として、様々
な協会活動にも携わっている。

ソーシャルワーカーの組織体制構築サポート・ブックレット
～ 22 の業務ポイントでベストプラクティス提供を目指す ～

2024 年 6 月 15 日　第 1 刷発行
著作者　　　　　原田　とも子
発行者　　　　　河内　理恵子
発行所　　　　　日本ヘルスケアテクノ株式会社
　　　　　　　　〒101-0047
　　　　　　　　東京都千代田区内神田 1-3-9　KT- Ⅱビル4F
　　　　　　　　HP　https://www.nhtjp.com/
装　丁　　　　　小山　久美子
校　正　　　　　井出　清彦
印刷・製本　　　モリモト印刷株式会社

©2024　Printed in Japan　　　ISBN 978-4-9912258-6-4